日本史パロディ
戦国〜江戸時代篇

【至急】
塩を止められて
困っています
【信玄】

スエヒロ 著

はじめに

「歴史の授業」という言葉を聞くと何を思い出されるでしょうか？ 授業中に教科書の偉人にした落書きや、逆に覚えにくい気もする語呂合わせで無理やり覚えた年号、国語の次ぐらいにかろうじて点が取れそうな科目、などなど人それぞれに印象があると思います（あげたのは私の学生時代の印象です）。

歴史にどっぷりハマっていく人がいる一方、「のめり込むと楽しそうな気がする」と感じながらも、そこまでモチベーションが上げられずに、なんとなく歴史ネタから距離を置いている方も多いのではないでしょうか（大河ドラマを毎週見ている人がうらやましい的な）。

この本では、学生時代に歴史の授業で習ったような、基礎的な歴史のネタをモチーフに、さまざまなパロディやオマージュ、あるあるネタのようなものを展開しています。歴史ネタに距離を感じている方や、歴史のジャンルに詳しくない方でも、比較的読みやすい内容になっているかと思います（というかマニアックな歴史の話は全然出てきません）。

このような本をつくった動機なのですが、歴史を楽しく覚える手助けや、歴史のことをもっと知りたくなるきっかけになればいいなと思ってつくりました……とちょっといい感じの理由だといいのですが、そんなことはまったくなくて、単に「歴史ってイジると面白いなぁ」という、単純な発想からしたためていたものが意外と続いちゃった、というものです。

ですので、「歴史を楽しく学ぶ」という真面目なアングルではなく、トイレなどに置いておいて、たまに手に取って画像だけ眺めてニヤニヤする、くらいの読み方をしていただけるのがちょうど良いような気がします。

歴史好きの方も、そうでない方も、まずは気軽にお手にとっていただければ幸いです。

スエヒロ

目次

はじめに 2

第一章 群雄割拠、戦乱の世

戦国武将のホトトギス、「ファミ通」風クロスレビュー 8

戦国時代に東急ハンズがあったら 10

戦国時代に「週刊火縄銃ダイジェスト」があった場合の表紙 12

「フランシスコ・ザビエル来日決定!」の広告 14

毛利元就「三本の矢」の取扱説明書を考える 16

武田信玄が塩不足をQ&Aサイトに相談した場合 18

「敵に塩を送る」で留守だった場合の不在連絡票 20

敵から塩を送られた後の「お礼メール」 22

〈はみだしコラム1〉 戦国武将の変わりかぶと 24

第二章 忍びよる謀反の影

秀吉の「懐で草履をあたためる」代行サービス 26

木下藤吉郎の「一夜城」築城依頼メール 28

下克上が心配な方向け「下克上セルフチェックシート」 30

織田信長のLINEトーク一覧 32

「初めての本能寺の変」チェックリスト 34

明智光秀の「敵は本能寺にあり」をメールで伝える 36

「清洲会議」開催のお知らせメール 38

〈はみだしコラム2〉 本能寺に泊まりたい 40

第三章　太閤殿下の天下統一

「太閤検地」のお知らせハガキ　42

求人広告「太閤検地のスタッフ募集」　44

「刀狩り」のときに刀の束に貼り付けるシール　46

「刀狩りを装った詐欺にご注意ください」のポスター　48

〈はみだしコラム3〉　太閤検地で何もやっていない人　50

第四章　いざ、天下分け目の大決戦

「関ヶ原の戦い」への参戦依頼を結婚式の招待状風にする　52

〈はみだしコラム4〉　関ヶ原の戦いはフェスである　55

徳川秀忠の「関ヶ原の戦い遅参」遅刻メール　56

〈はみだしコラム5〉　日本一やばい遅刻　59

「関ヶ原の戦い」で小早川秀秋に送るヘッドハンティングメール　60

小早川秀秋の退職メール　62

〈はみだしコラム6〉　野比のび太的・小早川秀秋　65

「関ヶ原の戦い打ち上げ開催」のメール　66

〈はみだしコラム7〉　関ヶ原でレッドカード　68

第五章　天下泰平、江戸幕府の誕生

ジャンプの巻末コメントが徳川将軍だらけだった場合　70

親藩・譜代・外様がすぐわかる「大名パス」　72

江戸時代の大名向け「参勤交代のしおり」　74

「大名行列」が通過する際の交通規制の看板　76

江戸時代の「五人組」がLINEグループだったら　78

〈はみだしコラム8〉　アイドル「五人組」　81

「巌流島の戦い」における観戦チケット　82

江戸時代の「出島」のAmazon風カスタマーレビュー　84

「鎖国」のお知らせハガキ　86

〈はみだしコラム9〉　鎖国カウントダウン　88

第六章 犬公方さまの御世

「生類憐れみの令」に違反した場合の標章 90

水戸黄門「印籠」の取扱説明書を考える 92

浅野内匠頭に「松の廊下事件」の始末書を書かせる 94

討ち入りのスケジュールを「調整さん」っぽいツールで調整する 96

赤穂浪士のために「討ち入りのしおり」をつくる 98

赤穂浪士討ち入り当日のLINEグループ 100

第七章 幕末、そして終焉へ……

伊能忠敬の講演会チラシ 104

初めて「大塩平八郎の乱」に参加される方へ(FAQ) 106

黒船の「ファミ通」風クロスレビュー 108

新選組の求人広告 110

「薩長同盟」をマスコミ宛の直筆FAX風に発表してみる 112

〈はみだしコラム10〉 坂本龍馬の足もとコーデ 115

「王政復古の大号令」をメールで一斉配信する 116

徳川慶喜が「江戸城無血開城」をFacebookで発表する 118

〈はみだしコラム11〉 ペリーはスタン・ハンセン? 120

おまけ

「一休さんの虎退治」がLINEだったら 122

〈はみだしコラム12〉 不人気時代 125

索引 126

第一章
群雄割拠、戦乱の世

戦国武将のホトトギス、「ファミ通」風クロスレビュー

「鳴かぬなら殺してしまえホトトギス」

「鳴かぬなら鳴かせてみせようホトトギス」

「鳴かぬなら鳴くまで待とうホトトギス」

織田信長、豊臣秀吉、徳川家康の3人の天下人の性格を表した川柳として有名な言葉です。この川柳を聞くたびに「ホトトギス、されるがままだな」と毎回思うのですが、相手が天下人なだけに、文句もいえないですよね。あと、加藤清正の「鳴け聞こうわが領分のホトトギス」なんてのもありますね。

さて、そんなホトトギスによる戦国武将の性格分析が、もしもゲーム雑誌「ファミ通」人気のコーナー「クロスレビュー」風だったとしたら、このような雰囲気になったのではないでしょうか。

SENGOKU CROSS REVIEW

戦国武将 クロスレビュー

ホトトギス

鳥

カッコウ目

カッコウ科

杜鵑、時鳥、子規

性格判断向け

織田信長

鳴きそうな見た目の割には、思ったより鳴かなくてイライラが募る。個人的にはあまりに鳴かないので、途中で「もういいや」と感じてしまいました。良くも悪くも待つ暇のある人向けだと思います。気の短い人にはあまりオススメできないかな。正直、俺は待てないなー。

豊臣秀吉

思ったより鳴かない印象は否めませんが、鳴かない前提で創意工夫をすれば対応できそう。頭の中で「鳴かせるための戦略」とかを練るのが好きな人には、向いてると思います。戦略次第ですぐに鳴かせることもできますが、ダメな人はずっとダメかもしれない。そういう意味では人を選ぶ鳥かもしれない。

徳川家康

鳴く鳴かないよりは、待てるか待てないか、受け手側の資質が問われるタイプの鳥だと思います。やっぱり動物なので何が起こるかわからないですしね。のんびり気長に待って、最後に得を取るのが好きな人にはオススメだと思います。個人的に「待ち系」は大好きなので戦国時代ではベストな鳥。

加藤清正

鳴く鳴かないは結果なので、まずはそれを受け入れることが大前提。その上で自分のできる範囲で対応する感じかなー。所詮、人間一人でできることなんて限られてますしね。そういう意味では、自分の領分にあった対応ができるかが分かれ目になりそうな鳥。

惜しくも殿堂入りならず、といったところでしょうか。

戦国時代に
東急ハンズが
あったら

東急ハンズといえば、生活雑貨などが売られている市街地型のホームセンターですね。「アレってどこに売っているのだろう?」と思ったものはハンズに行けばたいていありますし、お店の上から下まで売り場を見てまわるだけでもワクワクしますよね。「素材」のコーナーなど用事がなくても見てしまいます。ホームセンターあるある。

さて、そんな便利な東急ハンズがもしも戦国時代にあったとしたら、当時の皆さんも非常に助かったのではないでしょうか。武将から農民まで戦国時代の暮らしのすべてがそろう、そんなお店があったとしたら、例えばフロアガイドはこのような雰囲気だったかもしれません。

SENGOKU HANDS

フロアガイド

9F ステーショナリー
●文具 ●筆 ●墨 ●半紙 ●文鎮 ●巻物 ●落款
●婚姻用品 ●印籠

8F バラエティ＆ホビー・クラフト
●能面・狂言面 ●扇子 ●和紙 ●花材 ●毛皮
●彫金 ●矢文用品 ●鷹狩用品 ●馬具
●茶道用品 ●折烏帽子 ●南蛮渡来品

7F DIYツール＆マテリアル
●蝋燭 ●油 ●土 ●藁 ●木材 ●竹 ●笹
●石材 ●ししおどし ●鳴子 ●草鞋補修用品
●傘補修用品

6F インテリア
●屏風 ●敷物 ●脇息 ●畳 ●布団 ●衣桁
●箪笥 ●つづら ●障子・襖 ●火鉢 ●臼

5F キッチン＆バス・トイレタリー
●茶器 ●製菓用品 ●調理器具 ●卓上用品
●漆用品 ●浄水器 ●風呂用品 ●手ぬぐい
●ふんどし ●洗濯用品 ●厠用品 ●掃除用品

4F 防具・戦用品
●鎧 ●兜 ●具足 ●陣羽織 ●陣太鼓 ●法螺貝
●折りたたみ椅子 ●軍配・采配 ●のろし台

3F 武器
●太刀 ●脇差し ●鞘 ●鍔 ●弓 ●矢
●槍 ●火縄銃 ●忍者用品

2F ヘルス＆ビューティー
●健康草鞋 ●お香 ●歯磨き塩
●かみそり・耳かき ●紅・おしろい
●シーズンアイテム ●傘 ●蓑(みの)

1F シーズン
季節に合わせた商品を展開致します

9月は「稲刈り用品」

「ふんどし」がキッチン＆バス・トイレタリーのコーナーでいいのかは迷いどころですね。

戦国時代に「週刊火縄銃ダイジェスト」があった場合の表紙

火縄銃といえば、1543年にポルトガル人によって種子島に伝わったとされる鉄砲のことですね。織田信長が長篠の戦いなどで使った武器としても有名です。戦国時代末期には日本は50万丁以上を所持していたともいわれ、世界最大の銃保有国となっていたそうです。流行りすぎですよね。

それだけ流行っていたわけですから、当時、火縄銃を専門にした週刊誌のひとつもあったのではないでしょうか。例えば、「週刊火縄銃ダイジェスト」があった場合の表紙はこんな感じ。

「フランシスコ・ザビエル来日決定!」の広告

フランシスコ・ザビエルといえば、1549年に日本に初めてキリスト教を伝えたことで有名な宣教師ですね。印象的な肖像画とともに、「以後よく広まるキリスト教」という語呂合わせを覚えた方も多いのではないでしょうか。

さて、そんなザビエル。キリスト教という世界三大宗教のひとつが日本に伝来したわけですから、当時のインパクトはすごかったのではないでしょうか。

もしも当時、ザビエルの来日を伝える広告があったら、こんな感じだったのかもしれません。

毛利元就「三本の矢」の取扱説明書を考える

「三本の矢」といえば、毛利元就が3人の子に書いた「三子教訓状」がもとになってつくられた逸話のことですね。「1本では簡単に折れる矢も、3本まとめると簡単には折れない。3人が結束して毛利家を守ってほしい」という意味を込めた話です。

さて、そんな三本の矢ですが、「いい話をしつつ、矢を折る」という場面を考えると、意外と難しそうな気もします。「最初の1本の矢をサッと折らなければならない」「3本でちょっと折れにくくなる感じを伝える」などなど。緊張して力を入れ過ぎると、3本でもあっさり折れそうですし。

初めて「三本の矢」を折る人でもうまく折れるような、「三本の矢 取扱説明書」があれば安心できるかもしれません。

教訓・実演

三本の矢
取扱説明書
three arrows

武将用

| 保管用 | 保証書付き |

品番 MTNR-1557

Family Motto

目次

- ●安全上のご注意
- ●セット内容物
- ●実演の前のご準備
- ●実演の手順(矢の折り方)
- ●実演の手順(台詞)
- ●教訓の伝え方のポイント
- ●もしも伝わらなかった場合
- ●折った矢の廃棄方法
- ●付録のDVDについて
- ●保証書

実演DVD付き
DVDは必ずこの取扱説明書をご一緒に保管してください。

- ●本製品には「弓」は付属していません。
- ●本製品は「矢」として使うものではございません。
- ●本製品は教訓の効果・効能を保証するものではございません。

便利メモ
(購入時にご記入ください)

| 弘治 | 年 | 月 | 日 |

お買い上げ日・店名

「実演DVD」と「もしも伝わらなかった場合」は必ず目を通しておきたいですね。

武田信玄が
塩不足を
Q&Aサイトに
相談した場合

武田信玄といえば、戦国時代に活躍した甲斐の武将で、「風林火山」の軍旗や騎馬軍団などで有名ですよね。

また、終生のライバル、「越後の虎」こと上杉謙信との関係も有名です。信玄が塩止めにあった際に、謙信が塩を送った話は「敵に塩を送る」という故事成語になっています。モテエピソードですよね、謙信の。

そんな「敵に塩を送る」ですが、もしも戦国時代に「Q&Aサイト」があったとしたら、このような感じの書き込みがあったのではないでしょうか。

SENGOKU! 知恵袋 JAPAN

知恵袋トップ > マナー・同盟 > 同盟 > 物資

【至急】塩の流通を止められて、非常に困っております…

質問者

信玄@甲斐 さん

甲斐に住んでいる者です。

先日、同盟を破ったことが原因で塩の流通を止められてしまいました。甲斐は内陸国なので塩の生産ができず、大変困っております。

なにか良い方法はないでしょうか？

補足

塩止めを行っているのは今川氏と北条氏です。

ベストアンサーに選ばれた回答

echigo_tiger さん

同盟破棄に至った原因を省みることが必要だとは思いますがこの乱世の時代ですし、いろいろありますよね。わかります。

窮地のときほど、普段意識していなかった人からの助けがあることも多いので、あせって行動せず、しばらく様子を見られてはいかがでしょうか？

> **質問した人からのコメント**
> コメントありがとうございます。
> おっしゃる通りしばらく様子を見ていたら、近隣の方から塩をいただくことができました！
> (ライバル関係にある方だったので驚きました)
>
> ありがとうございました。

回答ありがとう、echigo_tigerさん！

「敵に塩を送る」で留守だった場合の不在連絡票

さて、さらに「敵に塩を送る」のお話。

実際、このエピソードの真偽については諸説あるそうですが、もしも謙信から塩が送られてくるとしたら、いろいろと実務的な問題が気になってきますよね。どれくらいの量が届くのか、いつ届くのか、などなど。万が一留守にしていて、塩が受け取れなかったとしたら残念ですよね。

もしもそんなとき、現代の「不在連絡票」のようなものがあったとしたら。

ご不在連絡票
Attempted Delivery Notice

姓 武田　名 信玄　様

☑ お届けに参りましたがご不在でした
☐ お城の宅配蔵にお届けしました
蔵番号＿＿＿＿＿＿　合言葉＿＿＿＿＿＿

(ご連絡欄)
未の刻にお伺いしました。

今回のお届け荷物は　上杉謙信　様から

種別
- ☑ 城急便　☐ クール(冷蔵・冷凍)　☐ 出世払い
- ☐ 米・物産・特産品等による物々交換
※コレクト及び物々交換は伝票のお届け先以外への転送はできません。

品目
- ☐ 生もの　☑ 食品　☐ 刀・槍・弓類　☐ 鎧・武具類　☐ 巻物
- ☐ その他(　塩です　)
※長期間ご連絡がとれない場合等、ご依頼主様にご返送させて頂きます。

出城受取
- ☐ ご利用頂けます (重さの目安 1斗未満)
- ☐ ご利用頂けます (重さの目安 1斗～4斗)
- ☑ ご利用頂けます (重さの目安 1俵以上)
※お受け取りの際は、大名・武将様の代理であることを証明できる書類・書状をお持ちください。

城急便　出城受取サービス　無料
ご不在で受け取れなかった城急便をご都合の良いお時間に深夜でもお近くの出城(お届け元様)で受け取れます！

お申込み　裏面の**間者・早馬連絡**よりご指定ください

城急便　ご不在連絡 忍び通知　無料
城急便お届け時にご不在の際、外出中でも合戦中でも荷物のお届けを忍びの者が直接お知らせします。

本サービスのご利用は、忍びの里サービスへのご登録が必要です。

センゴク城急便 株式会社
SENGOKU TRANSPORT CO.,LTD.

出城(でじろ)で受け取ることもできるので、戦(いくさ)中でも安心ですね。

敵から塩を
送られた後の
「お礼メール」

さて、もうひとつ「敵に塩を送る」について。

武田信玄と上杉謙信はライバルだったわけですから、宿敵からのまさかのプレゼントに、当時の信玄も驚いたのではないでしょうか。今風にいえばサプライズ。サプライズ塩。

ライバルとはいえ、信玄も謙信にお礼の言葉を伝えたかったことだと思います。

例えば、当時「Eメール」があったとしたら、信玄はこのようなお礼メールをしたためていたのではないでしょうか。

差出人：Shingen TAKEDA <shingen@takeda.kai>
件名：塩のお礼
日時：永禄 12 年 1 月 27 日
宛先：上杉謙信様 <k.uesugi@uesugi.echigo>

上杉様
お世話になっております、甲斐の武田です。

川中島の戦いでは大変お世話になりました。
霧の日はばったり敵軍に出くわさないか、
いまだにビクビクしております (笑)。

さて先日、上杉様から弊国宛にお送りいただいたお塩が手元に届きました。
ご存じかと思いますが、弊国は今川氏真らから
「塩止め」を受けている最中でして、
国内で塩の流通がストップしております。

そのタイミングでの、宿敵ともいえる上杉様からの塩のご提供に、
私も含めまして弊国スタッフ一同、大変な驚きとともに
非常に大きな喜びを感じております。
誠にありがとうございました。

目の前の塩を眺めながら、上杉様の器の大きさ、
越後の虎と呼ばれる所以を改めて感じております。

この戦国の世、競合という立場ではありますが、
切磋琢磨し、甲斐と越後の国でシナジーを生み出しつつ
互いに成長しあっていければと改めて感じました。

この度の塩のご提供、誠にありがとうございました！
重ねて御礼申し上げます。

それでは今後とも何卒よろしくお願いいたします。

P.S.
お礼に福岡一文字の太刀を贈らせていただきました！
ぜひお使いください〜。

〜〜〜〜〜〜〜〜〜〜〜〜〜〜〜〜〜〜〜〜
疾如風、徐如林、侵掠如火、不動如山
〜〜〜〜〜〜〜〜〜〜〜〜〜〜〜〜〜〜〜〜
甲斐武田家第 19 代当主
武田信玄 <shingen@takeda.kai>
〜〜〜〜〜〜〜〜〜〜〜〜〜〜〜〜〜〜〜〜
::::::::::::::::::::

今後も引き続き、甲斐と越後の国でシナジーを創出していきたいところですね。

戦国武将の変わりかぶと

戦国時代の武将のなかには、非常に個性的なかぶとと、「変わりかぶと」を身につけていた武将も多くいます。直江兼続の「愛」のかぶとや、加藤清正の「長烏帽子形」のかぶと、黒田官兵衛の「おわん型」のかぶとなどが有名です。

ほかにもウサギやネコ、エビなどをモチーフにしたかぶともあったようですが、エビ（しかも伊勢エビ）までくると、もう「かぶとを超えた何か」になっていて、すごくグッとくるものがあります。レディ・ガガに教えてあげたい日本史です。

このような「変わりかぶと」はどんなときに考えられたのでしょうか。もしも、それが酔っ払ったときの思いつきだったとしたら。現代でも、ほろ酔いでツイッターやフェイスブックに普段書かないような熱い書き込みをしちゃって、翌朝「うわー」となることがありますが（ないですかね）、もしかしたら直江兼続あたりも、酔った勢いで「かぶとにはでっかく愛でしょ、愛」なんていってしまったのかもしれません。

翌朝起きたらもう話が進んでいて、部下も部下で「やっぱ愛ですよね！ さすがです！」みたいになっていて、引くに引けなくなった結果があのかぶとだったりして。なにせ「愛」ですからね、頭に。酔っ払ったときの勢いがないと出ないアバンギャルドさです。

願わくは、現代に伝わっている変わりかぶとが、本人としては黒歴史だと思っているものでなければいいですね。

第二章

忍びよる謀反の影

秀吉の「懐で草履をあたためる」代行サービス

「懐で草履をあたためる」といえば、木下藤吉郎（のちの豊臣秀吉）が織田信長の草履取りをした際に、草履を懐に入れてあたためたというエピソードのことですね。真偽のほどは定かではないらしいのですが、立身出世のエピソードとして有名です。私もサラリーマンなので、上司の革靴のひとつでもヒートテックのなかであたためたいところです。

しかし、実際問題、自分の懐で履き物をあたためるとなると大変ですよね。冬場で寒い上、履き物を懐に入れるのに抵抗感もあります。例えば、こんなサービスがあったとしたら、戦国時代に流行っていたかもしれません。

「あたためたいが時間がない」「苦労せずに出世したい」「寒いのが苦手」

木下藤吉郎公認・立身出世したいお侍様向け
草履あたため代行サービス

当サービスは、出世に欠かせない「懐で草履をあたためる作業」を当社スタッフが代行するサービスです。日本で唯一の木下藤吉郎公認のサービスとなっており、ご指定の時間に人肌にあたたまった草履をお手元にご用意いたします。

お見積もり無料！

当社の専門スタッフがすべての草履を懐で丁寧にあたためます。

手ぶらでもOK

・あたためる専門スタッフが24時間常駐
・足の大きい方・小さい方用の草履にも対応
・草履のレンタル・グレードアップも相談可

利用者の約89%が出世を実感

利用者1000人に伺ったアンケートによると、当サービス利用後に出世を実感された方が89%という結果に。

(当社調べ 永禄12年5月)

- 出世を実感 89%
- どちらとも言えない 8%
- 出世しなかった 3%

手ぶらでOKなのがありがたいですね。手ぶら立身出世！

木下藤吉郎の
「一夜城」
築城依頼メール

さて、木下藤吉郎でもうひとつ有名なエピソードが「一夜城」の
お話。織田信長による美濃侵攻にあたって、藤吉郎が一夜で
築城した(実際には一夜ではない)といわれる「墨俣一夜城」。

しかし実際、築城する側からすると、この納期はかなり厳しい
ですよね。「一夜って……」とたいていの人は反応しそうです。
藤吉郎も気を使って、部下にこんなメールをしたためていたの
ではないでしょうか。

差出人：木下藤吉郎 <tokichiro@kinoshita.oda>
　件名：【重要】一夜城の築城のお願い
　日時：永禄 9 年 9 月 13 日
　宛先：蜂須賀小六 <koroku@hachisuka.oda>

配下の皆様
おつかれさまです、木下藤吉郎です。

先日より、美濃攻略にあたっておりますが
斎藤龍興の稲葉山城の攻略にあたり、
前線基地となる城が必要となったため、
以下の内容で築城をお願いします。

プロジェクト概要：一夜城の築城
プロジェクト実施場所：墨俣
納期：一夜 (永禄 9 年 9 月 21 日 AM7:00 まで)
城の仕様：添付のエクセル参照 (sunomata_1566.xlsx)
プロマネ：木下

詳細についてはこの後、関係者を
キックオフ MTG に招集しますのでそこで共有します。

納期ですが、上記では「一夜」としておりますが、
実際問題、一夜での築城は難しいのは理解しておりますので
プラス 2〜3 日のバッファは設けてあります。
(ただし、なるはや案件)

敵地が近いため、敵の攻撃を受けながらの
プロジェクト進行になるかと思いますので
そのあたりのスケジュール調整もフレキシブルに対応する予定です。

ただ今回の築城は、コンセプトが「一夜城」となりますので
対外的には「一夜で完成する」というメッセージが重要になります。
外部の方から納期をたずねられた場合は
「一夜」と返答するようお願いします。

くれぐれもソーシャルなどへの書き込み、
特に城の完成時期に関する書き込みはご注意ください。
(情報漏洩などのインシデントの際は必ず上長に報告してください)

以上、よろしくお願いいたします。

木下藤吉郎 <tokichiro@kinoshita.oda>
Tokichiro KINOSHITA

「ただし、なるはや案件」というワードが怖いですね。

下克上が心配な方向け「下克上セルフチェックシート」

下克上といえば、地位の低い者が、地位の高い者を倒す行為や社会風潮のことですね。戦国時代には多くの武将によって下克上がなされ、織田信友、斯波義銀、足利義昭らを討滅・追放した織田信長が有名ですよね。自身も最後は部下の明智光秀によって討たれました。

さて、そんな下克上。実際に自分が武将だとしたら、「いつ部下から下克上されるかわからない状況」は非常にストレスですよね。気づかないうちにうっかり下克上寸前、なんてこともあるかもしれません。

そんな心労に悩む武将のために、「下克上され度合い」がわかる「下克上セルフチェックシート」を用意しました。

アナタは大丈夫？討たれる前にチェック！
下克上セルフチェックシート

以下の項目で当てはまると感じた項目に✓をつけてください。

- 自分の采配が間違っていても、配下の武将に対して謝らない。
- 格下の家柄の武将から意見を言われるとイライラする。
- 自分は短気で怒りっぽいと思うが、殿様なので仕方ない。
- 感情的になって、すぐその場で切腹などを申し付けることがある。
- 厳しく指導をしないと、有能な武将は育たないと思っている。
- 戦場で手柄を立てられない武将は、領地を取り上げられて当然だ。
- 手柄のためには劣勢であっても退却しないのは当然だと思う。
- 部下が自分の顔色をうかがっているような雰囲気がある。
- 戦国武将は、部下の婚姻相手を決めるのは当然だ。
- 部下が独自に兵や武器を集めているフシがある。
- 時おり、少ない人数で外泊することがあるが自分は大丈夫だ。

診 断 結 果

0～3個 ノー下克上。取り急ぎ下克上の心配はありません。信頼できる殿様といえるでしょう。今後も今の武将態度を続けていきましょう！

4～7個 隠れ下克上。緊急度は低いですが、油断するとすぐに下克上が起きる状態です。今のうちに手を打っておきましょう。

8～10個 下克上予備軍。下克上が起きる一歩手前の状態。今すぐ態度を改める必要があります。部下の動向にも注意を払いましょう。

11個 下克上赤信号。明日にも下克上がおきる可能性があります。思い当たる部下がいる場合は、今すぐ逃げて！

当てはまった方は今すぐ逃げて！

織田信長の
LINE
トーク一覧

織田信長といえば、桶狭間の戦いをきっかけに躍進しながら
も、天下統一を目前に討たれた武将ですね。戦国時代でもっと
も有名な人物の一人ではないでしょうか。大河ドラマでもほぼ
レギュラーですし。

そんな信長ですが、天下統一という大事業を推し進めていた
わけですから、部下との連絡、連携なども大変だったのではな
いでしょうか。大河ドラマなどでも、信長が部下に怒っている
場面をよく見かけますよね。

もしも、そんな織田信長が「LINE」を使っていたとしたら、トー
クの一覧画面はこんな感じだったのではないでしょうか。

●●●●○ SenGoku　　19:54　　@ ✈ 57% 🔋

編集　　　　トーク　　　　

 森蘭丸　　　　　　　　　　19:51
なんだか外が騒がしいですね。ち　　**2**
ょい見てきます〜。

 信長軍 共有グループ 32　　18:41
それでは秀吉殿の援軍としてこれ　　**1**
より出発いたしますので、何卒...

 羽柴秀吉　　　　　　　　　17:01
本日の中国攻め報告は以上となり
ます。おつかれさまでした。

 明智光秀 🔕　　　　　　　　16:46
先日ご連絡しました、長宗我部氏　　**45**
の件はその後いかがでしょうか？

 信長軍 重臣グループ 5　　13:41
中国攻め時間かかりすぎ。巻き気
味でお願いね。

 お市の方　　　　　　　　　4/25
小豆袋おくったよ〜。見ておいて
〜。

 石山本願寺 🔕　　　　　　　3/24
石山本願寺がスタンプを送信しま

 武将　　 トーク 48　　 タイムライン 2　　 その他 3

いわゆるひとつの未読スルーですね。

「初めての本能寺の変」チェックリスト

さて、その織田信長が天下取りを目前に討たれたのが、「本能寺の変」です。家臣である明智光秀の謀反というドラマチックな展開で、映画や小説、マンガなどさまざまな作品でモチーフにされています。

この本能寺の変、歴史を揺るがすような謀反ですから、光秀も当日はドキドキしながら謀反に向かっていたのではないでしょうか。段取りも大変そうですし。

例えば、そんな武将向けの「チェックリスト」があったとしたら安心かもしれません。

初めて下克上する人向け絶対に成功する
本能寺の変チェックリスト

☐ 織田信長の警備が手薄である CHECK!

信長の警備が厳重だと謀反は成功しません。警備が手薄であることを確認しましょう。また城などではなく、寺や平屋など一般家屋に滞在していることが望ましいです。

☐ 自分が本能寺の近くにいる CHECK!

謀反を企てる時に大切なのはスピードです。謀反を起こしてから現場に到着するまでのスピードと成功率は比例します。対象者の近くにいるかを確認しましょう。

☐ 謀反を起こすことを気取られていない CHECK!

謀反を成功させる上で「相手に準備をさせない」ということは重要な要素です。準備から実行までを相手に気取られず、密かに進行できているか確認しましょう。

☐ 配下の人数が相手方をある程度上回っている CHECK!

相手が油断している瞬間に謀反を企てても、やはり数で相手に上回られては謀反は成功しません。配下の人数が相手をある程度上回っているか確認しましょう。

☐ 謀反後の身の振り方・対応を計画した CHECK!

謀反を実行した後は、状況が刻一刻と変化します。謀反後の情勢の予想、考えられる敵味方の動向、スケジュールなどを事前に必ず検討しましょう。

☐ 本当に天下を取りたいと思っている CHECK!

計画を進めている間は意外とバタバタと進んでしまうものですが、謀反の実行前に本当に天下が取りたいかを落ち着いてもう一度確認しましょう。

☐ 「敵は本能寺にあり」と言った CHECK!

謀反のキッカケになる言葉です。この言葉がなければ部下に謀反の意向は伝わりません。謀反の前に必ず忘れずに言いましょう。慌てず、大きな声で、ハッキリと。

謀反を起こすと引き返せないので、「本当に天下を取りたいと思っている」あたりは要チェックですね。

明智光秀の
「敵は本能寺にあり」
をメールで伝える

本能寺の変で有名なものが、明智光秀がいったとされる「敵は本能寺にあり」という言葉。光秀の口から放たれたこの台詞は、まさしく歴史を動かした言葉なわけです。

しかし、これだけ重要なことを口頭のみで伝えるのも若干問題がありますよね。実際、光秀の声の届く範囲の人にしか伝わらないですし、率いていた軍勢1万3000人ともなると、口頭で伝えるのは無理があります。

やはり、ここはメールなどで情報共有したいところです。

3日後くらいに、お詫びメールが送られてきそうですね。

「清洲会議」
開催の
お知らせメール

「清洲会議」といえば、織田信長が本能寺の変で討たれた後、後継者や所領の分配について、有力家臣のあいだで話し合われた会議のことですね。柴田勝家、丹羽長秀、羽柴秀吉、池田恒興が出席し、その後の情勢に大きな影響を与えた会議です。サミットですね。

そんな清洲会議の開催については、このような「会議招集メール」が有力家臣に送信されていたのではないでしょうか。

差出人：Katsuie SHIBATA <k.shibata@echizen.oda>
件名：【重要】清洲会議開催のお知らせ
日時：天正10年6月17日
宛先：丹羽長秀殿 <nagahide@niwa.oda>, 羽柴秀吉殿 <tokichiro@kinoshita.oda>,
　　　滝川一益殿 <kazumasu@takigawa.oda>, 池田恒興殿 <tuneoki@ikeda.oda>

丹羽さん、羽柴さん、池田さん、滝川さん

おつかれさまです、柴田です。

すでにご存じかと思いますが、
先日、本能寺の変において、織田家前当主の織田信長様が討たれ、
同時に、信長様の嫡男で織田家当主の信忠様も二条城で散られております。
※光秀の件につきましては「Subject:【ご報告】山崎の戦い」のメールをご参照ください。

つきましては、今後の織田家の方針について、
以下のとおり緊急のミーティングを開催させていただきます。

日時：天正10年6月27日
場所：尾張国清洲城
招集メンバー（順不同・敬称略）：
丹羽長秀
羽柴秀吉
池田恒興
滝川一益
柴田勝家

アジェンダにつきましては大きく

1. 織田家の後継者の決定
2. 遺領の再配分の決定（主に尾張、美濃、丹波の領地）

の2項目になります。

当日の議事進行については私、柴田が務めさせていただきます。
今後の織田家の方針を決めるMTGになりますので、
皆様ご出席のほど、よろしくお願いいたします。
（カレンダーでご招待済みです）

※滝川さんは関東地方へ出陣中かと思いますので、出席は任意です。
（ご都合がつくようならご出席ください。後日、議事録で共有差し上げます）

それでは皆様、当日はよろしくお願いいたします。

＋＋＋＋＋＋＋＋＋＋＋＋＋＋＋
筆頭家老 / 越前国 / 権六 / 鬼柴田 / 鬼神 / 瓶割り
柴田勝家 <k.shibata@echizen.oda>
＋＋＋＋＋＋＋＋＋＋＋＋＋＋＋

googleカレンダーあたりに招待が来ていそうですね。

本能寺に泊まりたい

織田信長が討ち死にした本能寺。現在、本能寺が建っている場所は、豊臣秀吉の時代に場所が移転し、実際に信長が討ち取られた場所とは別の場所になっているそうです。本能寺跡を示す石碑が建っている場所は、戦国時代ファンなら一度は訪れたい場所です。

もちろん現在の本能寺も訪れたいところなのですが、それより気になるのは同じ場所に建っている「ホテル本能寺」ではないでしょうか。本能寺を訪れる信徒の方の宿泊施設として始まったそうなのですが、名前にすごくインパクトがあって良いですよね。ホテル本能寺。何度も声に出したくなります。

サイトの説明では、修学旅行の学生団体などにも広く利用されているそうですが、実際に自分が京都に修学旅行に行くとして、宿泊先が「ホテル本能寺」だったとしたら、めちゃくちゃテンションが上がりそうな気がします。歴史の都・京都を訪れて、泊まるホテルは「ホテル本能寺」。ここまで「京都に来た感」を満喫できるホテルはほかにないのではないでしょうか。

夜は枕投げをした後、「敦盛」のひとつでも舞ってから、クラスの誰が好きかトークをくり広げたいものです。蘭丸〜、もう寝た〜？

第三章

太閤殿下の天下統一

「太閤検地」の お知らせハガキ

「太閤検地」といえば、豊臣秀吉が全国的に行った検地のことですね。秀吉は各地を征服するごとに検地を行い、土地の広さや石高などを把握し、全国統一の足場を固めていったとされています。

そんな太閤検地ですが、検地される側からすると「検地がいつ来るのか?」というのは心配かもしれません。ご飯を食べているとき、お風呂あがり、寝ているとき、不在時なんかにうっかり太閤検地がやってきたら、大変ですよね。

もしも、事前に「太閤検地のお知らせハガキ」が届いていれば安心ではないでしょうか。

太閤検地のお知らせ

**大変重要なお知らせのため、
すべての領民の方にこのハガキを送付しています。
必ず最後までお読みください。**

この度、豊臣政権の領地における、生産高の把握を目的とした測量作業を実施させていただきます。

今回の測量に伴い、従来の貫高で示されていた田畑を<u>石高</u>で計算する方式に変更になります。
また、すべての田畑に対して、<u>上・中・下・下々</u>の4つに等級付けを行います。

以下の日付で、豊臣政権のスタッフが領地を訪れ、田畑の広さを測量します。

11 月 **9** 日 **14** 時頃～

※天候により時間が前後する場合がございます。ご了承ください。
※今回の測量に山林は含まれません。

今回の測量は、複数の領主への年貢の納入や、地元有力農民への非正規な年貢の納入を解消するための権利整理を目的としたものです。ご理解とご協力をお願いいたします。

**目指そう
　素敵な街
　　正しい石高**

豊臣政権代表
豊臣秀吉

ハガキは冷蔵庫などに貼っておきましょう。

求人広告「太閤検地のスタッフ募集」

さて、そんな「太閤検地」ですが、全国的な規模で実施されたため、相当な人手がかかったことでしょう。あらゆる田畑を検地してまわるわけですから、検地スタッフは常に人手不足だったかもしれません。立ち仕事でキツそうですし。

もしも、秀吉が「アルバイト情報誌に求人広告」を出していたら、このような雰囲気になったのではないでしょうか。

| アパ正 | 測量 | 勤務地 全国各地 |

初心者・未経験者歓迎！
測量・測地経験者、大歓迎！

太閤検地・測量
サポートスタッフ
募集！

■内容 / 担当地域の田畑の広さの測量作業補助、
　　　　ならびに等級付け補助(上・中・下・下々)
■勤務地 / 応相談(現地集合・現地解散)
■勤務時間 / 日没まで(残業なし)

☆竹を持って指示された場所に立つだけのお仕事です！

■待遇 / 社保完、昇1回、賞2回・1.5ヶ月
■政権概要 / 設立 天正18年、代表 豊臣秀吉

連絡の上、履歴書をご持参ください　　　　担当 石田

拘束時間が「日の出から日没まで」だったりすると、結構ブラックかもしれませんね。

「刀狩り」のときに刀の束に貼り付けるシール

「刀狩り」といえば、豊臣秀吉が百姓から「帯刀権」を剥奪して、兵農分離を進めた政策のことですね。百姓が刀や槍、鉄砲などの武器を持つことを禁じ、一揆などを起こさせないようにした施策です。

全国単位で展開された施策ですから、農民がそれぞれ各家庭で、刀などをまとめて出したとすれば、集めるほうもかなり大変ですよね。軒先に置いてある鋤や鍬を間違えて持って行ってしまう、なんてトラブルもあったのではないでしょうか。

そんなトラブルを回避するために、「刀の束に貼り付けるシール」的なものがあれば、万事解決しそうです。例えばこんなシール。

取り扱いについて

1. シールはお名前をお書きの上、刀・槍等の束の見やすい所に貼って指定日にお出しください。
2. 一度貼ったシールは、貼り直せません。刀身部分などにお貼りの際はご注意ください

豊臣秀吉

▼ここから下の部分をはがしてください

刀狩令　処理券

豊臣家

氏　名

取り扱いについて

1. シールはお名前をお書きの上、刀・槍等の束の見やすい所に貼って指定日にお出しください。
2. 一度貼ったシールは、貼り直せません。刀身部分などにお貼りの際はご注意ください

豊臣秀吉

▼ここから下の部分をはがしてください

刀狩令　処理券

豊臣家

氏　名

それぞれ刀用と槍用ですね。鉄砲の場合は槍シール2枚分を貼り付けてください。

「刀狩りを
装った詐欺に
ご注意ください」
のポスター

そんな豊臣秀吉の「刀狩り」。大規模に行われた施策ですか
ら、逆にこれを「悪用してやろう」と良からぬことを考える輩も
いたのかもしれません。昨今でもさまざまな詐欺事件が起きて
いますが、刀狩りの当時も、「刀狩りを装った詐欺」的なものが
少なからずあったのではないでしょうか。

各地の城の石垣には、刀狩り詐欺にだまされないための「対策
ポスター」が貼られていたに違いありません。

刀狩りを装った詐欺に
ご注意ください

最近、領民の方々に対して、「刀狩り担当」「豊臣政権の関係者」「豊臣政権からの委託」など、豊臣政権が行っている「刀狩り」関係者を装って、刀・槍・鉄砲などを<u>不正に回収する事例が多発しております。</u>

豊臣政権では刀狩りに際して「刀狩りのお知らせハガキ」に記載されている日時以外に、領民の方々をご訪問して、刀を回収することは一切ありません。

こんな言葉にご注意ください　　　　check!

・「刀狩りを担当している○○ですけど、この地区でも急遽刀狩りを行うことになりました。すぐに刀を出して下さい」
・「○○と申します。豊臣政権の刀狩りを代行している者です。刀・槍・鉄砲などを回収に参りました」

被害にあわないための予防対策　　　　check!

・すぐに刀を出したり、家の中にあげない
・「刀狩りのお知らせハガキ」と日時が違う場合は刀を渡さない
・豊臣秀吉の名前をすぐに出す人物に注意する
・豊臣関係者を名乗ったら所属と名前を問い合わせる
・怪しいと思ったら最寄りの城に問い合わせる

「豊臣秀吉の名前をすぐに出す」あたりは要チェックですね。

太閤検地で何もやっていない人

豊臣秀吉が実施した太閤検地。歴史の教科書などに載っている絵だと、役人が田畑の大きさを細長い棒(梵天竹、細見竹)や縄(水縄)を使って測量している姿が描かれています。

ただ、この検地風景をよく見てみると、明らかに何もしてなさそうな人、ヒマそうな人が描かれていたりします。おそらくは何らかの役割があるけれどそれがわかりにくい人、もしくはただの野次馬かもしれないのですが、真面目に仕事(検地)をしている人のそばで、「仕事をしている風」の雰囲気を絶妙に醸し出しているたたずまいをみると、この人たちは「なんとか仕事をサボろうとしているサラリーマンの大先輩」なのではないかと感じてしまいます。

まだまだ戦乱の色濃い時代に「サボる」というオルタネイティブなスタイルを絵のなかで醸し出している彼らには、うっかり尊敬の念を覚えてしまいます(たぶん、ちゃんと仕事しているのでしょうけど)。

「測量を補佐している人の補佐」みたいな感じの絶妙なポジションをとりつつ、給料は皆と同じくらい。足りないところは人柄でカバー。そんな現場の空気を感じる太閤検地の季節です。

第四章

いざ、天下分け目の大決戦

「関ヶ原の戦い」への参戦依頼を結婚式の招待状風にする

「関ヶ原の戦い」とは、安土桃山時代の1600年に、徳川家康を総大将とする東軍と、石田三成を中心とする西軍が関ヶ原で戦った合戦のことですね。全国の諸大名が東西に分かれて戦ったため、「天下分け目の決戦」と呼ばれています。なんかこうフェスっぽいですよね、ヘタをしたら死んじゃうフェスですが。

実際にどちらの陣営につくか、両陣営でさまざまな調略・駆け引きがなされたわけですが、もしも関ヶ原の戦いへの参戦依頼が「結婚式の招待状風」だったら、どのようなものになるでしょうか。

御案内

謹啓　爽秋の候
皆様にはますますご清祥のこととお慶び申し上げます。
この度、私たちは天下分け目の合戦を催させていただくこ
ととあいなりました。
つきましては、日頃お世話になっております皆様に
東軍・西軍のどちらかでご参戦いただきたく存じます。
ご多用中誠に恐縮でございますが何卒
ご参戦賜りますようご案内申し上げます。

　　　　　　　　　　　　　　　　　　　　　　謹　白

慶長5年9月吉日
東軍・徳川家康　　西軍・石田三成

　　　　　　　　　　　記

　　日　　時　　慶長5年9月15日

　　合戦開始　　午前8時〜

　　場　　所　　関ヶ原

お手数ながら、ご都合の程を9月5日迄にご一報賜りますようお願い申し上げます

喜んで御㉚参戦㉛させていただきます。

御欠席

（どちらかを○でお囲み下さい）

御参戦陣営

㉚東軍㉛

西軍

（どちらかを○でお囲み下さい）

御領地　筑前名島

御芳名　小早川秀秋

天下分け目の決戦、

おめでとうございます。

当日楽しみにしております。

返信ハガキの記入例もつけておきました。参加陣営の急な変更はお避けください。

関ヶ原の戦いはフェスである

はみだしコラム 4

全国の諸大名が東西の陣営に分かれて戦った関ヶ原の戦い。「天下分け目の決戦」と呼ばれたまさに戦国の一大イベント。きっと当日が近づくにつれ、ワクワク感が高まって「全然眠れない！」なんて武将もいたのではないでしょうか。

現代において、関ヶ原の戦いのような一大イベントはなかなかないものですが、あえて近しいものをあげるとすれば「フェス」かもしれないですね。フジロックにサマーソニック、ライジングサンなどなど、数々の有名アーティストが参加する夢の祭典であるフェス。「関ヶ原」感、確かにありますよね。

武将はアーティスト、ステージは決戦場、勝鬨はコール＆レスポンス。そう考えると、兵同士がぶつかり合う風景もモッシュっぽく見えてきます。武将が戦場で座ってる床几（折りたたみ式の簡易腰掛け）とまったく同じタイプのイスをフェスの会場でも見かけますしね。あのイスを見かけるたびに「あ、武将だ」といっています（心のなかで）。

そう考えると、苗場の空の下ではためく旗が、関ヶ原の青空の下に映える武将の旗印に見えてきます。

徳川秀忠の
「関ヶ原の戦い遅参」
遅刻メール

「関ヶ原の戦い」には全国の諸大名が参戦したわけですが、徳川秀忠が合戦に遅刻してしまった一件が、いわゆる「遅参」です。

秀忠はこの遅刻が原因で、家康から面会を拒否されてしまったりするわけです。「あ、これ間に合わないな」と気づいたときの秀忠の気持ちを慮ると、不憫ですよね。

現代だと、メールで「遅れそう」「遅れます」「遅れています」といった最低限の連絡（言い訳）はできますよね。例えばこんな文面で。

遅参についてのお詫び — 受信

差出人: 徳川秀忠 <hidetada@tokugawa.mkw>
件名: 遅参についてのお詫び
日時: 慶長5年9月14日 17:28
宛先: 家康殿 <ieyasu@tokugawa.mkw>

家康殿
おつかれさまです、秀忠です。

ただいま3万の軍勢を率いて現場に向かっておりますが、
ご存じのとおり中山道が険しく、時間がかかっております。

関ヶ原へは遅参ということになってしまいそうです。
大変申し訳ございません。

以上、よろしくお願いいたします。
--
iPhone から送信

> Subject: Re: 石田三成の挙兵への対応について
> From: 徳川秀忠 <hidetada@tokugawa.mkw>
>
> 家康殿
> おつかれさまです、秀忠です。
>
> スイマセン、長雨でメールが遅延していたようで、
> 先ほどこちらのメールを読みました。
>
> 急いで準備して西進いたします。
> 今しばらく開戦をお待ちいただければ。
>
> 以上、よろしくお願いいたします。
> ---
> TOKUGAWA HIDETADA
> 徳川秀忠 <hidetada@tokugawa.mkw>
> ---
>

>> Subject: Re: 石田三成の挙兵への対応について
>> From: Ieyasu TOKUGAWA <ieyasu@tokugawa.mkw>
>>
>> 秀忠殿
>> おつかれさまです、家康です。
>>
>> ちょっと状況が変わってきていますので
>> 上田城は後回しでいいので、急ぎ西進してください。
>> 天下分け目の決戦になりそうです。
>> --
>> Ieyasu TOKUGAWA ieyasu@tokugawa.mkw
>>

```
>>> Subject: Re: 石田三成の挙兵への対応について
>>> From: 徳川秀忠 <hidetada@tokugawa.mkw>
>>>
>>> 家康殿
>>> おつかれさまです、秀忠です。
>>>
>>> ただいま信濃国小県郡上田あたりを通過中なのですが
>>> 街道制圧のため、真田昌幸氏の上田城を攻めております。
>>>
>>> ただ、籠城作戦を取られており、若干攻略に手間取っております。
>>>
>>> 取り急ぎご報告まで。
>>>
>>> 以上、よろしくお願いいたします。
>>> -------------------------------------------
>>> TOKUGAWA HIDETADA
>>> 徳川秀忠 <hidetada@tokugawa.mkw>
>>> -------------------------------------------
>>>


>>>> Subject: 石田三成の挙兵への対応について
>>>> From: Ieyasu TOKUGAWA <ieyasu@tokugawa.mkw>
>>>>
>>>> 秀忠殿
>>>> cc: 秀康殿
>>>> おつかれさま、家康です。
>>>>
>>>> 小山評定でもお伝えしましたが、
>>>> 石田三成の挙兵への対応の件ですが、
>>>> 弊軍の対応は「西進」ということでお願いします。
>>>>
>>>> 取り急ぎ各担当ですが、以下でお願いします。
>>>> ・家康隊は東海道から西進
>>>> ・秀忠殿は中山道から西進
>>>> ・秀康殿は留守居（上杉氏を牽制）
>>>>
>>>> ※西進する方は、街道の制圧もお願いします。
>>>>
>>>> 決戦は関ヶ原あたりになるかと思いますが、
>>>> 皆様よろしくお願いします。
>>>> --
>>>> Ieyasu TOKUGAWA <ieyasu@tokugawa.mkw>
```

「今しばらく開戦をお待ちいただければ」がなんとも物悲しいです。

はみだしコラム 5
日本一やばい遅刻

徳川秀忠の「遅参」は、おそらく日本でもっとも有名な遅刻のひとつではないでしょうか。

これと双璧をなすのは宮本武蔵の巌流島ですが、あれは意図的な遅刻なので、自分のミスが原因となっている「リアルにダメな遅刻」では、日本一有名なケースが秀忠の遅参だと思います。まさにレペゼン遅刻。全国の朝が弱い人や時間にルーズな人を代表しているのが秀忠かもしれません。

と、他人から見れば笑えるエピソードである「遅参」ですが、当の本人からすれば相当深刻な問題。その後の天下の行方を決める決戦に遅れちゃっているわけですから、「焦る」なんてものを超えた究極の焦燥体験ですよね。「ワープ」なんて言葉はこの時代にありませんが、秀忠は日本史上では初めて「ワープしたい」と思った人物かもしれません。

逆にいうと、我々サラリーマンも遅刻の際には「上田城に籠もる真田氏を攻めあぐねているため、出社が少々遅れます」くらいの言い訳があれば、多少は遅れてもいいのかもしれませんね。

「関ヶ原の戦い」で小早川秀秋に送るヘッドハンティングメール

そんな「関ヶ原の戦い」で、勝敗を決めるひとつの要因になったといわれているのが、小早川秀秋の裏切りです。西軍に属していた小早川秀秋の裏切りが、その後の日本の歴史を決めたといっても過言ではないですよね。こんなにもネガティブなイメージで後世に伝わるとは、小早川秀秋も思っていなかったのではないでしょうか。

さて、そんな小早川秀秋の裏切りですが、今風に考えるとヘッドハンティングのようなものかもしれません。東軍関係者から小早川秀秋にこんな感じのメールが送られていたのではないでしょうか。

差出人: 黒田長政 <nagamasa@kuroda.tkgw>
件名: 東軍への参加のご打診
日時: 慶長5年7月25日
宛先: 小早川秀秋殿 <hideaki@kobayakawa.chkzn>

西軍
小早川秀秋様

はじめまして、私は東軍に所属しております
採用担当の黒田長政と申します。

小早川様の略歴を拝見し、ぜひ東軍にご参加いただきたく思い、
今回メールを送信させていただきました。

弊軍は、総大将の徳川家康を中心に、
全国から数多くの有力大名が参加しております。
代表的なスタッフとして前田利長、伊達政宗、加藤清正、福島正則、池田輝政らが
弊軍に所属し、戦場で日々活躍しております。

現在、弊軍では関ヶ原の合戦での勝利を目的とした、
有力な人材の獲得を積極的に進めております。

弊軍では小早川様のスキルを非常に高く評価しております。
弊軍の考課システムでは、勤続年数よりも実力を重視しておりますので
小早川様が弊軍にジョインしていただければ、
すぐにでも実力を発揮していただけるのではないかと思います。

【弊軍の特徴】
・総大将の徳川家康を中心に、バランスのとれた布陣を敷きます。
・合戦場では各武将に裁量を大きく与え、それぞれの判断を重視します。
・西軍から寝返った武将に対しても、偏見のない評価を行います。

【待遇・給与】
・加禄など、戦場での働きに応じた論功行賞を行います

もし、私どもの軍に興味を持っていただけましたら、
ぜひともご連絡いただければ幸いです。
ご不明な点等ございましたらお気軽にご連絡ください。
それでは、何卒よろしくお願いいたします。

■■■■■■■■■■■■■■■■■■■■■■■■■■■■
東軍 / 豊前中津 / 採用担当
黒田長政
KURODA NAGAMASA
<nagamasa@kuroda.tkgw>
■■■■■■■■■■■■■■■■■■■■■■■■■■■■

「裏切り」ではなく「弊軍にジョイン」。表現ひとつで気持ちよく陣営替えができますね。

小早川秀秋の
退職メール

小早川秀秋の裏切りについてもう少し考えてみましょう。彼の裏切りによって戦局が大きく動いた関ヶ原の戦いですが、これを現代の会社で考えると、突然退職してライバル企業に行くようなものですよね。西軍勢もきっと「アイツ、ないわー」みたいな気持ちでいっぱいだったのではないでしょうか。

そんな小早川秀秋も、例えばこんな「退職メール」を1本書いておいたとしたら、後世への伝わり方も多少は違ったのかもしれません。

ちなみに、東軍に入ったときの挨拶メールはこんな感じ。

差出人：Hideaki KOBAYAKAWA <hideaki@kobayakzwa.chkzn>
件名：入社のご挨拶
日時：慶長5年9月15日 12：07
宛先：Ieyasu TOKUGAWA <ieyasu@tokugawa.mkw>, 東軍ML<tougun@mlist.mkw>

東軍の皆様
はじめまして、小早川秀秋と申します！

本日より東軍に参加させていただくことになりました。
領地は筑前名島で、前職では関ヶ原の南西にある松尾山に布陣しておりました！

新しい環境で一刻でも早く東軍に貢献できるように
がんばりますので何卒よろしくお願いいたします！

追伸
筑前国については結構詳しいので、
興味のある方はお声掛けください！
m(＿＿)m

-.-
筑前国 名島城主
Hideaki KOBAYAKAWA <hideaki@kobayakzwa.chkzn>
小早川秀秋
-.-

挨拶メールのほうは「！」マーク多めのほうが元気があっていいですね。

はみだしコラム
6
野比のび太的・小早川秀秋

自身の裏切りで天下分け目の決戦に大きな影響を与えた小早川秀秋。高台寺所蔵「絹本着色小早川秀秋像」に描かれている秀秋の姿を見ると、色白でなぜか気の弱そうなキャラに見えてしまいます。なんででしょうね。

秀秋は関ヶ原の戦い当日、家康からの威嚇射撃によって東軍への裏切りを決意したといわれていますが(実際に銃声が聞こえたかなど疑問はあるそう)、まあ家康も家康でむちゃくちゃですよね。「味方になれー!」って銃を撃ってくるわけですから。あのジャイアンだって、もう少し穏便にのび太にせまります。

せまるジャイアン・家康に、迷うのび太・秀秋、ニシシと笑うスネ夫・黒田長政。戦場に響きわたる法螺貝の音。ボエ〜。そう考えると、火縄銃もドラえもんのひみつ道具っぽさがありますしね。種子島に流れ着いた異人=ドラえもんというストーリーもありかもしれません。青い瞳ならぬ青いボディですが。

そんな大長編アニメも観てみたい気がします。

「関ヶ原の戦い
打ち上げ開催」
のメール

東軍の勝利で終わった関ヶ原の戦い。これによって戦国の世がひとつの節目を迎えたわけです。

参戦した諸大名にとっても、自身の国の運命を決める一大イベント。事前の計画や準備、当日の激戦など、多大な労力を要したことは想像に難くないですよね。やはり戦いの後には、関係者の労をねぎらう「打ち上げ」のひとつでも開催したいところです。

例えば、徳川家康主催のこんな打ち上げがあったとしたら。

差出人：徳川家康 <ieyasu@tokugawa.mkw>
件名：関ヶ原の戦い打ち上げ開催のお知らせ
日時：慶長 5 年 9 月 16 日
宛先：東軍 ML <tougun@mlist.mkw>, 西軍 ML <seigun@mlist.omi>

※東西両軍の方にメールをお送りしております。

業務中、失礼いたします。
おつかれさまです、徳川です。

皆様、先日は関ヶ原の戦いおつかれさまでした。
おかげさまで無事勝利を収めることができ、
征夷大将軍の任命に向けて事務処理を進めております。
(こちらの件も追ってご報告させてたださます)

天下分け目の戦いで、見事に勝利を収めることができたのは
ご参戦いただいた全国の諸大名の方々のご尽力の賜物です。
(論功行賞の査定も進めております！)

つきましては、ささやかながら関ヶ原の戦いの打ち上げを開催させていただきます。

日時：慶長 5 年 10 月 15 日 16:00 START
場所：関ヶ原近辺（未定。人数が確定次第 FIX させます）

まずは 9 月 27 日 (金) までに、私宛に出欠のご連絡をいただければ。
(討ち死にされた方を除く)

当日ですが、関ヶ原の戦いにおける論功行賞ならびに、西軍武将の方への処遇も同時に発表させていただきますので、ぜひご参加ください！

以上、よろしくお願いいたします。

==============================
東軍 総大将 〜鳴かぬなら鳴くまで待とうホトトギス〜
徳川家康 <ieyasu@tokugawa.mkw>
==============================

ビンゴゲームで石高(こくだか)の加禄(かろく)とかもありそうですよね。

はみだしコラム 7
関ヶ原でレッドカード

関ヶ原の戦いの後、東軍に加勢した武将には領地の増加などの論功行賞、西軍に加勢した武将には流罪や追放などさまざまな処分がなされました。現代のサラリーマン風に考えると、一大プロジェクトが終わった後の査定みたいなものですかね(たぶん)。

東軍に所属していて、明らかに「オレ、がんばった」感のある武将は比較的気楽に構えていたかもしれませんが、大して活躍ができなかった人や、西軍から寝返った人なんかは、かなりドキドキする査定ですよね。実際に、加増(禄の増加など)や安堵(現状維持)だけでなく、転封(領地の移動)や減封(領地などの一部削減)、改易(領地の没収)されてしまった武将もいるわけですし。

そんななか、寝返りなどしなかったのに、東軍で唯一改易されてしまった武将が木下勝俊です。

この人の気持ちはかなり複雑ですよね。例えばサッカーでいうと、チームは決勝で勝ったけれど、「敵にPKを与えた挙句、レッドカードで退場しちゃった選手」みたいなシチュエーションですよね。元西軍の小早川秀秋が寝返ったのに加増されていることを考えると、木下勝俊の処遇にはいたたまれなさを感じます。

ドンマイ、勝俊。

第五章
天下泰平、江戸幕府の誕生

ジャンプの巻末コメントが徳川将軍だらけだった場合

徳川将軍家といえば、江戸時代に征夷大将軍を世襲した、徳川家のことですね。

初代の徳川家康から第十五代の徳川慶喜まで、江戸の世の頂点に君臨した徳川将軍。家康や慶喜のほか、綱吉、吉宗など個性的な将軍が数多くいます。

そんな将軍たちが一堂に会したとしたら、もうなんだかジャンプの黄金時代っぽさ満載だったかもしれません。巻末コメントはきっとこんな感じ。

巻頭カラー征夷大将軍 怒涛の新幕府誕生！ **1**

徳川家康
初代将軍

征夷大将軍の仕事をやっているとGWとかまったく気づかず過ぎていきますね。長く休みが取れたら日光あたりにデッカイ神社とか建てたいなぁ。<家康>

徳川秀忠
2代将軍 **2**

最近、あたたかい日が続いて調子が良い。でも"暑い"までいくと苦手なんだよなー。なんか夏の大坂を思い出す。<秀忠>

徳川家光
3代将軍 **3**

先日、ようやく出島関係の仕事が一段落しました。鎖国も本格化しそうです！<家光>

徳川家綱
4代将軍 **4**

仕事は基本的に老中まかせなのですが、陰で「左様せい様」と呼ばれていることが判明。あいつら〜(怒) <家綱>

徳川綱吉
5代将軍 **5**

犬の殺生をチクってくれた人に賞金30両というワンダフルなお触れを考えたワン！みんなどしどし密告するんだワン！<綱吉>

徳川家宣
6代将軍 **6**

最近、先代の事跡を勉強中なんですが、流石だと思うものから、これはないと思うものまでさまざま。日々勉強です。<家宣>

徳川家継
7代将軍 **7**

上様には「何ごともこの詮房にお任せください」と伝えていますが、先日帰宅したら上様が出迎えてくれました。涙…<間部>

徳川吉宗
8代将軍 **8**

よく言われますが、そんなに暴れてないですよ〜(馬は確かに白馬です)。<吉宗>

徳川家重
9代将軍 **9**

最近、猿楽に激ハマりしています。週5ペース。オススメの演目などありましたらぜひ教えてください！<家重>

徳川家治
10代将軍 **10**

よく苦情のお手紙をいただきますが、先日「賄賂様」という宛名で届いた。出したヤツと届けたヤツちょっと来い！<田沼>

徳川家斉
11代将軍 **11**

エロ将軍とかオットセイ将軍とか腐敗将軍とかいろいろな名前で呼ばれてますが、安心してください。全部本当です。<家斉>

徳川家定
13代将軍 **13**

おかげさまで日米和親条約への調印が済みました。関係各位おつかれさまでございました！<家定>

徳川家茂
14代将軍 **14**

この間、羊羹と氷砂糖と金平糖を混ぜて食べてみたら新しい食感だった。どっかで作ってくり〜。<家茂>

徳川慶喜
15代将軍 **15**

よく多趣味といわれます。自分で認識しているのは釣り・自転車・油絵あたりかな。でもやっぱりカメラですかね。<慶喜>

※徳川家慶先生は黒船取材のため休載です

家慶(いえよし)先生は来週に期待ですね！

親藩・譜代・外様がすぐわかる「大名パス」

大名といえば、武家社会において所領や部下を持つ武士のことです。そのなかで、江戸時代の大名はいくつかの種類に分けられていました。それが、「親藩」「譜代」「外様」ですね。「親藩」は家康の男系男子の子孫が始祖となっている大名・藩、「譜代」は主に関ヶ原の戦い以前から徳川家の家臣だった大名、「外様」は関ヶ原の戦い前後から家臣となった大名を指します。

しかしながら、これって結構ややこしいですよね。実際、当時の大名も、「あの人って親藩だっけ?」「この人は確か外様だったような……」というように、相手の立場がわからず、探り探り会話をしていたことも多かったのではないでしょうか。例えば、首から下げる「大名パス」みたいなものがあれば便利そうですよね。

江戸城内では、必ず首からお下げください。

江戸時代の大名向け「参勤交代のしおり」

「参勤交代」といえば、江戸時代に藩主を定期的に江戸に出仕させた制度のことです。大名に財政的負担をかけることなどを目的とした制度ですね。

江戸への往復の際には、大名としての威厳を保つため、長い行列をつくって行進したわけです。毎年、敷金礼金が高いところに往復で引っ越し続ける、みたいなものでしょうか。

そんな厳しい参勤交代の旅、せめて道中は明るく楽しく移動したいものですよね。例えば、こんな感じの「旅のしおり」があれば、少しは気分が明るくなるかもしれません。

参勤交代のしおり
～因幡鳥取藩2代藩主池田綱清と行く21日間 江戸の旅～

※この用紙は2部あるので1部は参勤交代に持参、1部は控えとして藩に置いておいてください。

☆日程
貞享4年3月18日 国元出発
貞享4年4月7日 江戸着 (21日間)
経路 佐屋街道
※鳥取藩への帰郷は翌年5月頃を予定しています。

☆用意するもの
・動きやすい服装
・雨具
・防寒具
・江戸までの運搬を担当する物資
・お金(宿泊費、食費などは不要です)

☆服装・履物について
・江戸までの長距離移動になりますので、必ず動きやすい服装で参加してください。
・道中の峠や、急な天候変化に備えて雨具、防寒具も必ず持参してください。
・履物はおろしたてのものを避け、わらじなど履き慣れた履物で参加してください。

☆参加にあたっての諸注意
・大きな宿場町を通過する際のみ、臨時雇いで家来が増える場合がありますので、上長の指示に従い行列をつくってください。
・参勤交代時の大名行列は藩の格式と威光を示すものです。一人一人が自覚を持って参勤交代に臨んでください。

因幡鳥取藩

うっかりおろしたての草鞋(わらじ)などで参加しないように注意したいですね。

「大名行列」が通過する際の交通規制の看板

そんな「大名行列」ですが、村を通るときに人々が平伏しているシーンを時代劇などで見かけますね（実際には脇によけて道を譲るくらいの対応でよかったという説もあるようです）。あの行列がいざ自分の村に来るとなると、なんだか緊張しそうです。

おそらく、大名行列が通過する予定の村には、このような看板が立てられていたのではないでしょうか。

牛久藩大名行列通過

大名行列通過に伴う交通規制のお知らせ

4月6日(日) 7:00頃〜16:00頃

※殿の都合により時間が前後する場合がございます。
※行列の最後尾が通過次第、規制を解除いたします。

村内全域で**交通規制**が行われるため、**農作業の停止**が予想されます 作業の前倒し・先送り等ご協力ください

当日は沿道で大名行列にご声援をお送りください。

山江村 大名行列 準備会
(担当 地主・山江)
常陸国河内郡・牛久藩

江戸時代の「五人組」がLINEグループだったら

「五人組」といえば、江戸時代に「五人一組」で組まれた隣保制度のことですね。治安の維持や争いごとの解決、年貢の確保を目的とし、連帯責任・相互監察・相互扶助を行っていました。

さて、そんなSMAPっぽい五人組、年貢の相談など普段からさまざまなやりとりを行っていたと思います。もしも、そんな時代に「LINE」があれば、いろいろとスムーズにいきそうですよね。

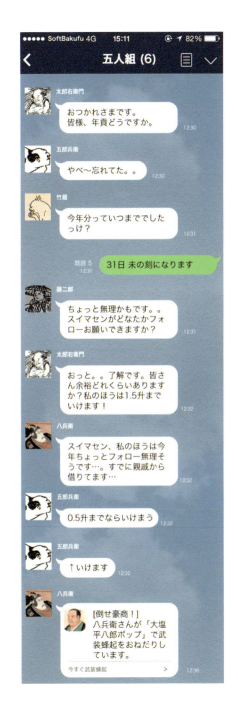

八兵衛は「年貢の納め時www」とか書いて既読スルーされそうですよね。

アイドル「五人組」

江戸時代につくられた5人1組の隣保制度、「五人組」。連帯責任や相互監察、相互扶助を行うものですが、人数が5人である理由はなんでしょうか。

別に4人でも6人でもグループはつくれるわけですが、なぜか5人。5人で五人組。合理的な理由があるのかもしれませんが、なんとなくこの「5」という数字に神秘的なものを感じてしまいます。

現代でも、テレビを見ると5人グループは意外と多く、SMAPや嵐、TOKIO、ももクロ、ドリフターズも5人組です(各グループ時期によって増減はありますが)。スーパー戦隊もゴレンジャーを筆頭に5人が多いですし、5人集まると何か得体の知れないパワーのようなものが高まって、思いのほかいろいろなことができるようになってしまうのかもしれません。年貢を納めたり、歌って踊ったり、無人島を開拓したり。

なので、何かを成し遂げたいときは、まず仲間を5人集めてみるのもいいかもしれません。ただ、そのなかで自分の立ち位置がドリフでいうところの誰のポジションなのかは、正確に把握したいところです。

もしもウクレレを渡されたら、緑の雷様らしくふるまいましょう。

「巌流島の戦い」
における
観戦チケット

「巌流島の戦い」といえば、江戸時代初期に宮本武蔵と、佐々木小次郎が巌流島で相まみえた戦いのことですね。舞台や小説、時代劇にマンガ、映画などの題材として、数多くの作品で取り上げられています。アントニオ猪木とマサ斎藤も戦っています。

さて、この「巌流島の戦い」、剣豪二人の世紀の戦いですから、やはり現場で観戦したいですよね。もしも当時、観戦チケットが発売されていたら、売り切れ必至だったのではないでしょうか。

☆二刀流・宮本武蔵VS巌流・佐々木小次郎、時間無制限一本勝負☆

巌 流 島 の 戦 い

<<営利目的での転売禁止・転売チケットでの入場不可>>

■出演 宮本武蔵、佐々木小次郎
■主催 豊前国小倉藩細川家　■お問い合わせ 長岡佐渡

天候、公共交通機関の運行状況、出演者の到着状況等によって、試合
開始の時刻が大幅に遅れる場合がございます。開始時刻の遅延による
チケットの払い戻しはお断りさせていただきます。

日時　慶長17年4月13日
会場　豊前国小倉藩領　船島（巌流島）

11:30 開場 / 12:30 決闘開始予定 ＊雨天・荒天決行
指定席（砂浜エリア）S席 B列-11 / 大人1名

1929918834
223　　2113

（巌流島）

指定席
S席
（B-11）
大人1名

慶長17年4
月13日
11:30

正確には「船島（ふなしま）の戦い」ですかね。でも、それだとチケット売れなさそうですね。

江戸時代の「出島」のAmazon風カスタマーレビュー

「出島」といえば、江戸時代に幕府の鎖国政策の一環で長崎につくられた島のことで、鎖国中にオランダとの貿易における拠点となった場所です。扇型の土地で有名ですよね。

しかし、オランダからはるか極東の島国にやって来る貿易商や、公務で初めて訪れる日本人からすると、「出島っていったいどんなところだろう？」と心配になりそうですよね。そもそも情報が少なさそうですし、なかで何が行われているかミステリアスな感じがします。

もしもそんなとき、現代の「カスタマーレビュー」のようなものがあれば、どんなところかわかりやすかったかもしれません。

出島(長崎・海外貿易用島)【オランダ貿易限定】
江戸時代

★★★　(8件のカスタマーレビュー)

貿易可
この商品は鎖国中、オランダ貿易のみご使用いただけます。

カスタマーレビュー

レビュー対象商品: 出島(長崎)

★★★　「ちょっとせまい」

日本と交易できるのは出島だけなので非常に便利。でもやっぱりちょっとせまいかな…。

by. ホーイェン小太郎　　このレビューは参考になりましたか？　[はい] [いいえ]

★★★★　「扇型がオシャレ」

「せまい」と言われている方も多いですが、なかに入ると意外とスペースがありますよ(レビューされてる方は入ったことがないのかな？)あと島全体が扇型になっているところもオシャレでgoodです(^^)

by. 灌漑boy　　このレビューは参考になりましたか？　[はい] [いいえ]

★　「オランダ人しか使えないとかあり得ない」

当方ポルトガル人ですが、オランダ人しか使えないというのは正直あり得ない。閉鎖的としかいいようがないし、「鎖国」と言って喜んでいるのは徳川幕府の関係者だけでは？島国である日本において海外諸国との関係は非常に重要なのは火を見るより明らかですし、「一部の国のみ開放」状況を出島関係者の方は一度冷静に考えられてはいかがでしょうか？

by. 弾_丸_火_縄_銃　　このレビューは参考になりましたか？　[はい] [いいえ]

★★★★★　「異国情緒あふれるシチュがサイコ〜」

初めて日本に来ましたがサイコ〜。出島はオランダ人しかいないのかなと思ってたんですが日本人も結構多くて驚きました(初めて侍見た！)ハラキリ〜。季節風にのって7〜8月ごろ訪れるのが良いと思います！オランダの方はぜひ〜。

by. 正倉院の主　　このレビューは参考になりましたか？　[はい] [いいえ]

★★★★　「出島からの外出も可能」

医師や学者の方で信頼を得られた場合は、出島からの外出も可能です。私が訪れた際は、珍しい日本地図などを見せてもらいました。ただしお土産として持ち帰れるものには制限があるので、事前に確認が必要です。

by. シーボルト　　このレビューは参考になりましたか？　[はい] [いいえ]

シーボルトさんは規約違反で垢(あか)バンされそうですね。

「鎖国」の
お知らせハガキ

出島を生み出す要因となった「鎖国」。幕府が海外との外交や
貿易を制限・禁止した政策で、1854年の日米和親条約まで
200年以上も続いた政策です。

それまで比較的自由に交易できていたものが禁止になるわけ
ですから、日本だけでなく、日本と貿易をしていた側にも非常に
インパクトが大きかったのではないでしょうか。ある日、こんな
ハガキが自宅に届いたに違いありません。

鎖国のお知らせ

大変重要なお知らせのため、交易しているすべての国々の方にこのハガキを送付しております。必ず最後までお読みください。

この度、江戸幕府（代表・徳川家光）は第5次の鎖国令としまして、海外船舶の日本の港への入港を禁止とし、日本を<u>鎖国</u>する施策を実施させていただきます。

つきましては以下の日付より、該当船舶を対象に鎖国を実施します。

寛永 **16** 年 **7** 月 **5** 日より
<u>ポルトガル</u> 船舶の入港禁止

※日本人の海外渡航、および帰国も禁止となります。

<u>この度の鎖国は、江戸幕府の貿易による利益の保護、ならびにキリスト教の禁止の徹底、海外から日本文化を守ることなどを目的としたものになります。皆様のご理解とご協力をお願いいたします。</u>

育もう日本の文化
咲かせよう江戸の華

江戸幕府代表
徳川家光

しばらくカステーラが食べられなくなるのが残念ですね。

鎖国カウントダウン

寛永元年にスペイン船の来航が禁止され、寛永12年には中国、オランダなどの船舶の来航が長崎に限定、寛永16年にはポルトガル船の来航禁止と、江戸幕府初期に完成されていった鎖国(きこく)体制。

当時の人々はこの鎖国に対してどのような思いを抱いていたのでしょうか。現代人からすると「鎖国しちゃう」という感覚は、なかなかわかりにくいところですが、やはり諸外国との別れが「寂しい」と感じる人もいたのでしょうか。

現代で別れが「寂しい」感覚といえばなんでしょうか。アイドルの脱退、スポーツ選手の引退、読んでいた雑誌の廃刊……いろいろありますが、当時の人にとって「そんなに関係ないけど、気にはなる」くらいの感触だったとすれば、「アナログ放送の終了」くらいの寂しさが近いのかもしれません。「鎖国まであと100日！　貿易をお急ぎください！」みたいなテロップが江戸時代のテレビに出ていたのかも。

実際、鎖国の日が近づくにつれ、皆ソワソワと落ち着かなく、でもどこか寂しくて、夜道を(貿易商と)2人で歩きながら「もうすぐだね……鎖国」なんていっちゃったりして。

それでも最期の日は皆で明るくカウントダウンしたいですよね。3、2、1、鎖国〜！

第六章

犬公方さまの御世

「生類憐れみの令」
に違反した場合の
標章

「生類憐れみの令」といえば、五代将軍・綱吉によって出された法令のことですね。動物などの殺生を禁止したもので、「天下の悪法」とも呼ばれる法令ですが、捨て子保護としての一面もあり、一概に悪法といえないという意見もあったりするそうです。

動物好きに悪いヤツはいないという話もありますが、まあ程度の問題もありますよね。

さて、そんな「生類憐れみの令」、もしも違反したときに何かしらの違反切符や違反標章があったとしたら、どんなものになったでしょうか。

生類憐れみの令違反確認標章

(標章番号)　　い - へ - 01N - 1687
(違反者氏名)　　　　　田吾作

生類憐れみの令違反

速やかに最寄りの奉行所へ出頭してください。

"犬・猫・鳥・魚類ほか"への違反行為を確認しました。

あなたは徳川幕府犬目付職から
生類憐れみの令違反として罰せられます。

なおこの標章が取り付けられた日の翌日から起算して30日以内に、
生類憐れみの令に違反した者が違反について最寄りの奉行所に出頭し
ない場合は強制的な流罪・切腹などの処罰が下る場合があります。

徳 川 幕 府
第 5 代 将 軍 徳 川 綱 吉

違反状況	日 時	貞享4年4月30日
	場 所	江戸城下
	態 様	鳩への投石

江戸幕府の関係者以外がこの標章を破損・汚損し、又は取り除くと処罰されます。

軒先や乗ってきた馬にこんな札が貼り付けられていたら、すぐにお近くの奉行所へ。

水戸黄門
「印籠」の
取扱説明書を
考える

水戸黄門といえば、水戸藩主・徳川光圀の別名で、世直しのために日本各地を漫遊した物語でも有名ですよね。皆さんも一度は時代劇でご覧になったことがあるのではないでしょうか。

そんな水戸黄門でもっとも重要なアイテムが「印籠」です。悪党や関係者に「黄門様＝水戸光圀」をネタバレするときに出されるもので、ドッキリでいえば「ドッキリ大成功」の看板と同等のアイテムですね。

しかしながらこの印籠、初めて持つ場合には使い方や保管方法など、わからないことも多そうですよね。「だいたい、印籠って何?」という人も多そうですし。例えば、こんな「印籠の取扱説明書」があるといいかもしれません。

黄門様用

| 保管用 | 保証書付き |

品番 MTMK-1628
pillbox for justice

印籠 成敗・世直し
取扱説明書

inro

目次

- ●安全上のご注意
- ●印籠の内部構造
- ●お使いになる前に
- ●持ち運び方
- ●正体の隠し方
- ●披露の仕方
- ●披露のタイミング
- ●披露後の流れ
- ●世直しの心構え
- ●印籠の本来の使い方
- ●保証書

保証書付き
保証書はこの取扱説明書の裏表紙についています。

- ●本製品は披露後に悪党が観念することを保証するものではございません。懲らしめる場合の準備はご自身で行ってください。
- ●お読みになった後は、いつでも見られる所に大切に保管し、必要な時にお読みください。

便利メモ
(購入時にご記入ください)

お買い上げ日・店名

家紋が違うので、「表紙のイラストは実物と異なります」パターンですね。

浅野内匠頭に
「松の廊下事件」の
始末書を書かせる

「松の廊下事件」といえば、江戸城内で赤穂藩主・浅野内匠頭が吉良上野介に斬りかかった事件のことですね。浅野内匠頭は切腹となり、その仇討ちのため、大石内蔵助らが吉良上野介邸に討ち入るという事件も起きました。「忠臣蔵」ですね。

さて、この松の廊下事件。浅野内匠頭は「殿中抜刀の罪」で即日切腹となり、赤穂藩は改易となるわけですが、大名が即日切腹となるというのはかなり異例のことだったそうです。現代の会社でいうと、「仕事でミスをしたら即日クビ」みたいなものでしょうか。相当厳しいですよね。

もう少し穏便に、例えば「始末書」くらいで済ませていれば、吉良上野介も討ち入られずに済んだのではないでしょうか?

始末書

元禄14年3月15日
高家旗本・吉良上野介殿

播磨赤穂藩主
浅野内匠頭

この度、私、浅野内匠頭は江戸城・松の廊下で、吉良上野介氏に斬りかかり、怪我を負わせるという不始末を起こしました。

3月14日、江戸城本丸御殿の大広間から白書院へとつながる松の廊下にて、その場に居合わせた吉良上野介氏に対して、背後から小刀で斬りかかり、背中、および額に切り傷を追わせるという行為を犯しました。

また周囲から「殿中でござる」という制止があったにもかかわらず、城内で刀を抜くというルール違反を犯しました。

他人に突然斬りかかるという行為、および将軍綱吉様がおられる江戸城内での抜刀は、いかなる理由があろうとも許されるものではありません。

この度の不始末は、播磨赤穂藩主として、また一侍として弁明の余地もございません。吉良上野介氏、居合わせた梶川頼照氏、将軍綱吉様、および江戸城関係者の皆様に、多大なご迷惑をおかけしたことを心からお詫び申し上げます。

今後は気を引き締め、二度とこのような不始末を繰り返さないよう藩主として細心の注意を払うとともに、一連の不始末で損なった信頼を回復するために、播磨赤穂藩ともども、最大限の努力を尽くすことをお誓い申し上げます。

以上

さすがに殿中ですから、落としどころとしては減給くらいですかね。

討ち入りの
スケジュールを
「調整さん」っぽい
ツールで調整する

さて、そんな討ち入り。47人の浪士が吉良上野介邸に討ち入るわけですから、事前の準備やスケジュール調整が大変そうですよね。討ち入りをモチーフにした映画などでも、事前の準備シーンには結構な時間が割かれています。飲み会で考えると、47人って結構な規模の飲み会ですしね。

もしも、ネット上で出欠管理などができる便利なウェブサービス「調整さん」のようなツールがあったとしたら、大石内蔵助ももう少し楽ができたのではないでしょうか。

討ち入りさん 簡単みんなの仇討アシスト！
討ち入り調整ツール決定版！

吉良上野介邸 討ち入りの出欠確認
回答数：47

▌イベントの詳細説明

憎き吉良上野介邸への討ち入りを開催します。

候補日を挙げておきますので出欠の入力をお願いします～。いちばん皆さんが参加できる日で討ち入る予定です！

締め切りは【元禄15年12月1日まで】です。
※討ち入り後、切腹の可能性もありますのでご了承ください～。

各々方、よろしくお願いします！

大石

▌討ち入り日候補

参加者	元禄15年12月13日23:00～	元禄15年12月14日23:00～	元禄15年12月15日23:00～	コメント
大石	○	○	○	いつでも大丈夫です～
堀部	○	○	×	15日以外は大丈夫です
瀬尾	△	△	△	ちょっと今の段階だと未定です。スイマセン…。

生死に関わるので、ドタキャンだけはホント勘弁してあげてください。

赤穂浪士のために
「討ち入りのしおり」
をつくる

討ち入りでもうひとつ。もしも自分が赤穂浪士だったとしたら、これだけ準備に時間と労力をかけて臨むわけですから、やはり当日が近づいてくると緊張してしまいそうです。

何日にどこに集合するか。当日何を持って行って、どういう手順で行動するか。毎夜考えて眠れなくなりそうです。

もしもそんなときに、討ち入りのスケジュールや持ち物をまとめた「旅のしおり」的な書類があれば、わかりやすい上に、ちょっと気持ちも楽になるかもれません。

討ち入りのしおり

～いざ吉良邸へ！浅野内匠頭の無念を晴らそう！～

大石内蔵助作

☆日程
・元禄15年12月14日午前 堀部金丸宅(借宅)に集合
・同・午後 表門隊と裏門隊に分かれて吉良邸へ出発
・同・夜～ 吉良邸討ち入り
・同・深夜(予定) 吉良邸から出発
・元禄15年12月15日 午前 高輪泉岳寺 到着
・同・午後 浅野内匠頭に墓前報告後、解散

☆用意するもの
・羽織(山形模様)
・太刀
・脇差
・鉢巻
・槍(あれば)
・笛(班長のみ)
・覚悟

☆服装について
・吉良邸での戦いになります。動きやすい服装で参加してください。
・雪が降る場合がありますので、防寒着を必ず着用してください。
・羽織は必ず山形模様のものを用意してください。

☆その他の注意事項
・陣太鼓は持参しなくて良いです(大石担当)。
・しばらく帰れないかもしれない旨、おうちの人に連絡しておいてください。
・不参加の場合は必ず事前に連絡してください(当日のキャンセルは絶対にやめてください)
・切腹を覚悟してください。

連絡先 大石内蔵助

吉良上野介義央(きらこうずけのすけよしひさ)を討ち取って、浅野内匠頭(あさのたくみのかみ)の墓前に報告するまでが討ち入りです。

赤穂浪士
討ち入り当日の
LINEグループ

さて、いよいよ当日を迎えた討ち入り。大石内蔵助率いる赤穂浪士たちは、深夜の吉良邸に侵入し、見事に吉良上野介を討ち取るわけです。

しかし、47人という人数を考えると、討ち入り中の情報共有の方法をしっかりと確認していないと、討ち入れるものも討ち入れなくなりそうです。

例えば、当時『LINE』があったとしたら、47人のメンバーでグループをつくって情報共有をしていたのではないでしょうか。

うっかり気づかれないように、直前までは通知をOFFにしておいたほうがいいかもしれません。

第七章
幕末、そして終焉へ……

伊能忠敬の
講演会チラシ

伊能忠敬といえば、江戸時代に日本を測量してまわり、実測による日本地図を初めて完成させた人物ですね。

忠敬が作成した地図は、それまで作成されてきた地図と比べ、飛躍的に進歩した正確な地図と評されています。忠敬は50歳を過ぎてから測量の道に進むわけですが、当時の平均寿命を考えるとすごいことですよね。

彼によって制作された地図は、当時の将軍である徳川家斉の上覧を受けるなど、高い評価を得ることになるわけですが、それくらいのレベルの人だと、講演会くらいは開催していそうですよね。

全国地図・測量フォーラム in EDO1817

測量家

伊能忠敬

講演会

テーマ

第二の人生の楽しみ方

～日本全国を測量してまわった伊能忠敬氏が、測量の苦労話や各地でのエピソードを語ります～

キッズ測量体験会も開催！
「象限儀」「小方位盤」の
使い方を忠敬先生がレクチャー

日時	文化14年 **4月15日 (土)** 13:00～ (開場 12:30)
会場	**伊能忠敬邸** 深川黒江町
定員	**150名** 座敷席は先着50名

入場無料

※馬でのご来場はお控えください

プログラム

・伊能忠敬 講演会
・トークセッション(間宮林蔵)
・キッズ測量体験会

PROFILE

延享2年	上総国山辺郡小関村に生まれる。
宝暦12年	佐原伊能家の婿養子に。
寛政6年	家督を長男景敬に譲り、隠居。
寛政7年	高橋至時の弟子となる
寛政12年	第1次測量：東北・北海道南部を測量
享和元年	第2次測量：関東・東北東部測量
享和2年	第3次測量：東北西部測量
享和3年	第4次測量：東海・北陸測量
文化元年	日本東半部沿海地図を幕府に提出
文化2年	第5次測量：畿内・中国測量
文化5年	第6次測量：四国測量
文化6年	第7次測量：九州1次測量
文化8年	第8次測量：九州2次測量
文化13年	第10次測量：江戸府内測量
現在	「大日本沿海輿地全図」を作成中

主な著書

「奥州紀行」安永7年
「旅行記」寛政5年
「日本東半部沿海地図」文化元年

【主催】伊能家 【協力】江戸幕府

間宮林蔵とのトークセッションも楽しみですね。

初めて
「大塩平八郎の乱」
に参加される方へ
(FAQ)

「大塩平八郎の乱」といえば、大坂町奉行所の元与力である大塩平八郎が起こした反乱のことですね。飢饉などへの対応に不満を募らせて決起したこの乱は、元役人が起こした反乱ということで、当時の人々に大きな衝撃を与えた事件といわれています。なんだか語感もいいですしね。

この乱では平八郎のほか、平八郎の門人や近郷の農民、大坂町民も参加したわけですが、平和が長く続いていた時代ですから、実際に「乱で何をすればいいか」わからない人も多かったのではないでしょうか。例えば、こんなFAQ集があれば、参加者も迷わずに済むのではないでしょうか。

初めて大塩平八郎の乱に参加される方へ(FAQ)

Q. 大塩平八郎ってどんな人？

A. 大塩平八郎は陽明学者です。元・大坂町奉行組与力で在職当時は西町奉行所与力の汚職をあばくなど活躍。飢饉対策などに関心を寄せ、幕府や豪商などの対応に不満を募らせ、今回決起しました。

Q. 何に対して乱を起こすの？

A. 大坂東町奉行の跡部良弼氏ならびに豪商になります。大坂の窮状を無視した跡部氏の廻米、豪商の米の買い占めによって米価が高騰したため、それらの行為に対しての武装蜂起になります。

Q. 当日は実際に何をするの？

A. 豪商を襲います。天満橋の大塩邸に火をかけスタートし、その後は難波橋を渡り、北船場で豪商を襲います。参加された方には、救民の旗を掲げての行進。豪商家への大砲や火矢による攻撃を行っていただきます。

Q. 乱の時間はどれくらいかかるの？

A. 半日〜3日ほどを予定しております。奉行所の兵の対応により終了時間が大幅に前後する場合があります。

Q. 乱を起こして捕まらないの？

A. 基本的に捕まります。幕府への反乱となりますので捕縛され厳罰が下る可能性が非常に高くなっております。参加前に参加同意書の注意書きをよく読み、リスクを認識した上でご参加ください。

「乱」は失敗したクーデターのことを指すそうなので、最初から「乱」といってしまうと失敗前提になりそうですね。

黒船の
「ファミ通」風
クロスレビュー

黒船といえば、江戸時代にマシュー・ペリーが浦賀に来航した
ときに乗っていた船でおなじみですよね。鎖国が終わり、江戸
幕府の終焉の始まりともいえるのが、この黒船来航ですね。

巨大な船体と黒い煙を吐く姿は、当時の江戸の人々に驚きを
与えたものと思いますが、実際に見ていない人にとっては、「黒
船」といわれてもなかなか想像ができなかったかもしれません
よね。

そんなとき、おなじみ「ファミ通」風のクロスレビューがあれば、
黒船のすごさも一目瞭然だったかもしれません。

NEW SHIP
CROSS REVIEW

新作船舶 クロスレビュー

黒船

- くろふね
- アメリカ製
- 嘉永6年
- 浦賀
- 米国人向け

坂本龍馬

まず見た目の迫力がスゴい。もうもうと煙を上げながら進む姿に、海外勢のパワーを感じる。蒸気船仕様なのでスピードが圧倒的。今のところ国内にこの船に太刀打ち出来る船はないと思う。船員もデカくてなんだか見た目が鬼みたいだし、これは日本ヤバイぜよ〜。

ジョン万次郎

海外ではデファクトスタンダードになりつつある蒸気船が日本初登場。機関はレシプロ機関1基1軸推進。外輪式も派手なので見た目重視の人にもオススメな船かも。昔サクラメント川で蒸気船に乗りましたが相当パワフルな感触。世界的にもかなりハイレベルな船だ。

徳川家慶

パワーはスゴいですがその分、煙が難点。日本の帆船が好きな人は面食らうかなー。外輪式も「音がうるさい」という欠点あり。久しぶりの海外勢ということでインパクトは強いですが、ちょっと騒ぎ過ぎな印象も。レベルは高いですが天下泰平はまだまだ続きそう。

ペリー

総トン数、最大速力、兵装、カラーリング、提督、どれも非の打ち所のない船。世界トップクラスの船がついに日本にやってきたという印象。正直遅かったくらい。このレベルの船は日本では300年近くなかったんじゃないかな。速攻で開国派に転向すべき圧倒的船。

徳川家慶(とくがわいえよし)さんの評価がもう少し高ければ、殿堂入りもありましたね。

新選組の求人広告

新選組といえば、幕末に京都で治安維持にあたった近藤勇、土方歳三、沖田総司らが所属した組織のことですね。小説、大河ドラマ、マンガ、映画など数々の作品のモチーフになっています。

そんな新選組が、隊士の募集にあたって「現代風の求人」を出していたとしたら、どんなものになるでしょうか。例えば、アルバイト雑誌にこんな求人が出ていたとしたら。

新選組 スタッフ募集

[雇用形態]
1.平隊士

[仕事の内容]
新選組のスタッフと一緒に、京都市中に見回りなどを行う仕事です。不逞浪士や倒幕志士の捜索・捕縛、担当地域の巡察・警備など、警察活動が主な任務となります。初めは先輩隊士がしっかりとサポートするので安心してスタートできます。屯所に住み込みになりますので、スタッフ全員がとても仲の良いアットホームな職場です。副長助勤への昇進などキャリアアップも積極的に支援します。

[応募資格]
尽忠報国の志がある方
年齢不問、身分(士農工商)不問・未経験者可
隊内のルールを守れる方
(武芸に秀でた方優遇)
※基本的に除隊は不可となります。

[勤務地・給与]
京都市内
10両(平隊士)
(緊急出動による褒賞金等のインセンティブあり)

[待遇・福利厚生]
☆ダンダラ羽織、鉢金支給
☆住み込み可
☆幹部昇進後は京都に持ち家可

[事業所]
京都市中京区 壬生村 八木邸屯所

[応募]
屯所に直接おいでください。
(担当 土方・沖田)

私達と一緒に京都の治安を守りませんか?

基本的に退職できないのでご注意を。

「薩長同盟」を
マスコミ宛の
直筆FAX風に
発表してみる

「薩長同盟」といえば、幕末に締結された薩摩・長州の同盟のことですね。坂本龍馬らの奔走により結ばれたこの同盟は、倒幕・大政奉還へとつながる大きな出来事でした。幕末を描いた作品では必ず出てくる一大イベントのひとつです。

さて、この薩長同盟、密約としてこっそりと結ばれた同盟ですが、もしも芸能人の方がよく送るような「マスコミ宛の直筆FAX風」だったらどのような雰囲気になったでしょうか。

マスコミ各位、及び関係者の方々へ

薩長同盟のご報告

私事ではございますが、
わたしたち薩摩藩と長州藩は
1月21日に6か条の同盟を締結したことを
ここにご報告させていただきます。

わたしたち両藩は共通の知人の紹介で知り合い、
最初はまるでそりが合わなかったのですが
周りのあたたかいサポートのおかげで、
お互い支え合うものを感じ、ここに至りました。

これまで同盟関係については公にしていませんでしたが、
これからは両藩お互いに支えあいながら、
倒幕に向けて一歩ずつ進んで行きたいと思っています。

まだまだ至らない点が多々あるかと思いますが、
今後の両藩をそっと見守っていただけたら幸いです。

慶応2年1月21日
木戸孝允
西郷隆盛

ワイドショーで紹介される場合はこんな感じ。

薩摩藩と長州藩が同盟締結！

私事ではございますが、
わたしたち薩摩藩と長州藩は
1月21日に6か条の同盟を締結したことを
ここにご報告させていただきます。

わたしたち両藩は共通の知人の紹介で知り合い、
最初はまるでソリが合わなかったのですが
周りのあたたかいサポートのおかげで、
お互い支え合うものを感じ、ここに至りました。

これまで同盟〔…〕

これが 二人の直筆FAX

倒幕に向け〔…〕

**「お互い支え合うものを感じ
ここに至りました」**

まだまだ〔…〕
今後の両藩をそっと見守っていただけたら幸いです〔…〕

手紙を読んでる風のナレーションを付けてほしいですね。

はみだしコラム
10
坂本龍馬の足もとコーデ

坂本龍馬といえば、やはりあの写真を思い浮かべます。着物の立ち姿で、少しななめ上を力強く見つめているあの姿、非常に印象的です。

そして、その写真でもうひとつ有名なことは、龍馬がブーツを履いているということ。幕末の時代にブーツというのが意外ですし、着物にブーツという一見ちぐはぐな組み合わせのはずなのですが、なぜかカッコよく見えてしまうのが不思議です。ジャージに革靴とか、スーツにスニーカーなんて組み合わせをうっかりやってしまう身としては、龍馬の着こなし力はうらやましい限りです。

ただ、もしもあの写真で龍馬が履いていたのがブーツではなくほかの履き物だったら、龍馬のイメージもかなり変わっていたのかもしれません。

例えばサンダルだったら、「龍馬って南国っぽいほがらかな人だったんだな」となりますし、スリッパだったら、「龍馬って学校の先生っぽいよね、たたずまいが」というような伝わり方をしていたかもしれません。

さらに、ピエロみたいに先がくるりととんがった靴だったら、なんとなく信用されにくく、薩長同盟も結ばれていなかったかもしれません。

「王政復古の大号令」をメールで一斉配信する

「王政復古の大号令」といえば、慶応3年12月9日に大政奉還と将軍職の辞退を許可し、江戸幕府を廃絶、摂政・関白の廃止、三職の設置による新政府の樹立を宣言したものですね。その後、旧幕府側の反発によって戊辰戦争が巻き起こり、時代は明治に向けて加速していくわけですね。年表を見ていると、このあたりは出来事がギッチリすぎて、年末進行みたいなっています。年末というか、幕末進行ですかね。

さて、そんな「王政復古の大号令」、「大号令」という言葉がキャッチーで覚えやすいのですが、大号令を今風にいうと「一斉メール送信」みたいなものだったのでしょうか。例えば、こんな感じのメールが岩倉具視あたりから配信されていたのかもしれません。

差出人:岩倉具視 <tomomi@iwakura.kuge>
件名:【重要】王政復古の大号令のお知らせ
日時:慶應3年12月9日
宛先:徳川慶喜様 <yoshinobu@tokugawa.ne.jp>
添付:iwakura_王政復古の大号令_031209.pdf

■■■■■■■■■■■■■■■■■■■■■■■■■■■■■■
※本メールは徳川幕府関係者、朝廷関係者、すべての方にお送りしています。
※本メールに心当たりのない方は、本メールの破棄をお願いいたします。
■■■■■■■■■■■■■■■■■■■■■■■■■■■■■■

徳川幕府関係者、朝廷関係者各位

平素は、幕府ならびに朝廷をご愛顧いただきまして誠にありがとうございます。

去る慶応3年10月14日に実施いたしました大政奉還に続いて
この度「王政復古の大号令」を発令いたしますことを、
本メールをもって通知差し上げます。

■発令日時
慶応3年12月9日

■発令概要
1. 将軍職辞職の勅許
2. 京都守護職ならびに京都所司代の廃止
3. 幕府の廃止
4. 摂政・関白の廃止
5. 総裁・議定・参与の三職の設置
※詳細は添付のPDF(iwakura_王政復古の大号令_031209.pdf)をご覧ください。

■対象となる方
日本国にお住まいのすべての方

永らく幕府をご愛顧いただき、誠にありがとうございました。
今後も朝廷、新政府ともども、グローバル化の推進とともに、
一層の富国施策に取り組んでまいりますので、
何卒ご理解のほどお願い申し上げます。

================================
公家 / 政治家
岩倉具視 <tomomi@iwakura.kuge >
================================

いよいよ、日本もグローバル化しちゃうわけですね。

徳川慶喜が「江戸城無血開城」をFacebookで発表する

「江戸城無血開城」といえば、幕末に明治新政府軍と旧徳川幕府とのあいだで行われた、江戸城の新政府への明け渡しのことですね。明け渡しに関して無血裏に行われたことから、「無血開城」といわれているわけです。

そんな「江戸城無血開城」がもしもFacebookで発表されていたとしたら、きっと「イイね!」がたくさん付いていたのではないでしょうか。

徳川 慶喜
5分前・東京 江戸城・🌐

この度、大総督府との間で、江戸城の明け渡しが最終合意に達したことを、この場を借りてご報告させていただききます。

江戸幕府は300年の長きにわたり、政権を運営させていただききましたが、昨今の黒船来航を発端としたグローバル化への大きなムーブメントの中で、大政の奉還とそれに伴う江戸城明け渡しを決定するに至りました。15代続いた徳川将軍家も鎖国という状況下で一定の役割を果たせたと感じております。

また今回の江戸城明け渡しが「無血開城」という形で終えることができたことは、勝海舟様、西郷隆盛様をはじめ、さまざまな幕末の志士の方々の尽力と、幕府関係スタッフの努力の賜物だと感じております。

最後になりますが、天下泰平の世がここまでの長きにわたり継続できたのは、江戸庶民の皆様の厚いサポートがあったからに他なりません。改めてお礼申し上げます。
今後も新政府ともども、何卒よろしくお願いいたします。

新政府への江戸城明け渡しのお知らせ | 徳川宗家
この度、徳川宗家は新政府へ江戸城を明け渡すことを決定致しました。それに伴い...
news.tokugawa.edo

👍 天璋院さん、Harry Parkesさん、他23,924名が「いいね!」と言っています。

明治新政府軍関係者のビジネス「いいね!」でなければよいですね。

ペリーはスタン・ハンセン?

幕末に黒船で日本に来航したマシュー・ペリー。彼の来航によって鎖国が終わり、時代は明治維新へと加速していくわけですが、当時の人々からすれば、もうもうと煙をあげる黒船のインパクトは強烈だったでしょう。しかも、なかから降りてきた人間は、背はデカイわ、瞳の色は違うわ、言葉は通じないわですから、衝撃的ですよね。パないです。

実際、ペリーは日本人から「赤鬼」と呼ばれていたそうです。赤鬼って、あの金棒を持ってツノが生えている、あの赤鬼ですからね。およそホモ・サピエンスにつけるアダ名ではない気がしますが、それほど見た目のインパクトはすごかったのでしょう。

そんなペリーを昭和風に考えると、スタン・ハンセンに近い気がします。「不沈艦」「ブレーキの壊れたダンプカー」と呼ばれた名プロレスラー、スタン・ハンセン。当時の人も、あれくらいの「暴れん坊感」をペリーに感じていたのではないでしょうか。

日米修好通商条約でおなじみのハリスと合わせて、2人をタッグと考えると、よりプロレスっぽいかもしれません。開国、ウィ～。

おまけ

「一休さんの虎退治」がLINEだったら

「一休さんの虎退治」といえば、江戸時代につくられた説話「一休咄」のエピソードのひとつですね。将軍・足利義満が、屏風の虎を退治するよう一休さんに難題を出すお話です。絵本やアニメ版の一休さんなどで見たことがある方も多いのではないでしょうか。

さて、この虎退治、もしも室町時代に「LINE」があったとしたら、どのようなやりとりになっていたでしょうか。

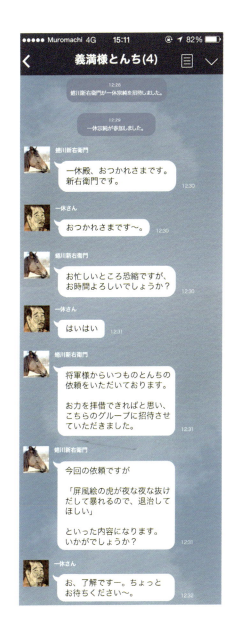

足利★義満
(ムフフ) 12:32

一休さん
12:32

足利★義満
早！ 12:32

一休さん
じゃ、虎捕まえるので、絵屏風から虎を出してください！
＞将軍様 12:33

足利★義満
！！！！！！！！！！ 12:33

蜷川新右衛門
おぉーーー！！ 12:34

足利★義満
これはアッパレ！！ 12:34

一休さん
あざーっす！
よかったです〜。 12:35

蜷川新右衛門
一休殿
今回もありがとうございましたー！ 12:37

4人グループなので、もう1名は和尚（おしょう）さんあたりですね。

はみだしコラム 12
不人気時代

本書では主に戦国時代から江戸時代までを取り上げてきましたが、日本の時代区分にはほかにもさまざまなものがあります。平安時代や鎌倉時代、もっとさかのぼれば弥生時代や縄文時代など。各時代それぞれに個性的な人物が活躍し、興味深い出来事が起こっています。

しかし、そんな時代区分にも「人気」の偏りは存在します。例えば、群雄が割拠する戦国時代はいわずもがな人気がありますし、江戸時代も動乱の幕末のファンという人は多いです。もちろん時代を下れば下るほど資料も多く残っているということもあるかと思いますが、歴史ファンに「戦国時代と縄文時代、どっちが面白いと思う？」とアンケートしたら結果は火を見るより明らかです（縄文ファンの方、スミマセン！）。

ただ、そんな不人気時代もこれから先、新事実が判明する可能性もないわけではないですよね。もしかしたら、縄文時代に本能寺の変のようなドラマチックな出来事があったかもしれないですし、古墳時代に寺田屋事件みたいな大事件が起きていたかもしれません。ですので、そういう不人気時代も積極的に大河ドラマなどで取り上げてほしいものです。

燃えさかる竪穴式住居で、イノシシの骨を片手に、「敦盛」的なダンスを舞う一人の縄文人——そういう大河ドラマも観てみたい気がします。

索引

［あ］

明智秀満　37
明智光秀　33, 34, 36, 37, 39
浅野内匠頭　94, 95, 99
足利義昭　30
足利義満　122, 123, 124
跡部良弼　107
アントニオ猪木　82
井伊家　73
イエズス会　14, 15
池田綱清　75
池田輝政　61
石田三成　45, 52, 53, 57, 58, 63
一夜城（墨俣一夜城）　28, 29
一休　122, 123, 124
一休咄　122
伊能忠敬　104, 105
今川氏　19
岩倉具視　116, 117
印籠　92, 93
上杉景勝　58
上杉謙信　18, 19, 20, 21, 22, 23
echigo_tiger　19
越後の虎　18, 23
遠藤俊通　13
遠藤秀清　13
お市の方　33
王政復古の大号令　116, 117
大石内蔵助　94, 95, 96, 97, 99, 100, 101, 102
大塩平八郎の乱　79, 106, 107
沖田総司　110, 111
桶狭間の戦い　32
織田信忠　39
織田信友　30
織田信長　8, 9, 12, 13, 26, 28, 30, 32, 33, 34, 35, 37, 38, 39, 40
オットセイ将軍　71

［か］

梶川頼照　95
片岡高房　101
刀狩り　46, 47, 48, 49

加藤清正　8, 9, 24, 61
巌流島の戦い　59, 82, 83
木戸孝允　113
清洲会議　38, 39
吉良上野介　94, 95, 96, 97, 99, 100, 102
キリスト教　14, 15, 87
クロスレビュー　8, 9, 108, 109
黒田官兵衛　24
黒田長政　61, 65
黒船　108, 109, 120
下剋上　30, 31, 37
五人組　78, 79, 80, 81
小早川秀秋　54, 60, 61, 62, 63, 64, 65, 68
近藤勇　110

［さ］

雑賀孫一　13
西郷隆盛　113
坂本龍馬　109, 112, 115
鎖国　71, 84, 85, 86, 87, 108
佐々木小次郎　82, 83
薩長同盟　112, 113, 114, 115
真田昌幸　58, 59
左様せい様　71
参勤交代　74, 75
三子教訓状　16
三本の矢　16, 17
シーボルト　85
塩止め　18, 19, 23
柴田勝家　38, 39
斯波義銀　30
島津家　15, 87
島津貴久　15
生類憐れみの令　90, 91
ジョン万次郎　109
新選組　110, 111
親藩　72, 73
杉谷善住坊　13
スタン・ハンセン　120
瀬尾孫左衛門　97
関ヶ原の戦い　52, 53, 54, 55, 56, 57, 58, 59, 60, 61, 62, 63, 64, 65, 66, 67, 68, 72

［た］

太閤検地　42, 43, 44, 45, 50
大政奉還　112, 116, 117
帯刀権　46